PORTRAITS-BIOGRAPHIES

LES
PROTESTANTS
ILLUSTRES

PAR

FERDINAND ROSSIGNOL

ANCIEN DIACRE DE L'ÉGLISE RÉFORMÉE DE PARIS

Duplessis Mornay. Henri de Rohan. Sully.
Caumont-Laforce. Duquesne. Denis Papin. Jacques Saurin.
Jean Cavalier. Calas. J.-J. Rousseau.

II

PARIS
LIBRAIRIE DE CH. MEYRUEIS ET Cⁱᵉ, ÉDITEURS
174, RUE DE RIVOLI

LES
PROTESTANTS
ILLUSTRES

28676

PARIS. — TYPOGRAPHIE DE CH. MEYRUEIS ET Cie
rue des Grès, 11

PORTRAITS-BIOGRAPHIES

LES
PROTESTANTS
ILLUSTRES

PAR

FERDINAND ROSSIGNOL

ANCIEN DIACRE DE L'ÉGLISE RÉFORMÉE DE PARIS

Duplessis Mornay. Henri de Rohan. Sully.
Caumont-Laforce. Duquesne. Denis Papin. Jacques Saurin.
Jean Cavalier. Calas. J.-J. Rousseau.

II

PARIS
LIBRAIRIE DE CH. MEYRUEIS ET Cie, ÉDITEURS
174, RUE DE RIVOLI
1863

I
DU PLESSIS-MORNAY

DU PLESSIS-MORNAY

DU PLESSIS-MORNAY

1549 - 1623

—

I

S'il est un nom que les protestants doivent prononcer avec un légitime orgueil, c'est celui de Philippe de Mornay Du Plessis. L'histoire n'offre pas à l'admiration de la postérité de plus noble figure. Voltaire, qui l'a fait briller à la place d'honneur dans la *Henriade*, s'incline devant Mornay « comme devant le plus vertueux et le plus grand homme du parti protestant. »

Philippe de Mornay vint au monde le 5 novembre 1549, à Buhy, dans le Vexin de l'Ile-de-France. Il naquit, ainsi que trois autres fils et deux filles, du mariage de Jacques de Mornay, sieur de

Buhy, avec Françoise Du Bec-Crespin, dame Du Plessis-Marly.

Malgré l'opposition du seigneur Jacques, zélé catholique, la châtelaine de Buhy éleva par ses propres soins ou fit élever ses enfants, ainsi que son neveu Georges Du Bec-Crespin, dans la communion calviniste. Devenue veuve en 1559, elle embrassa ouvertement la Réforme et y demeura fidèle jusqu'à sa mort (1591).

A peine âgé de seize ans, Philippe visita Genève (août 1565). Il voulait fortifier ses études commencées à Paris et ses croyances, mais il n'y fit qu'un rapide séjour. La ville était triste; quoique les talents et l'influence de Théodore de Bèze fussent considérables, Genève regrettait le génie et l'autorité de Calvin, qu'elle avait perdu le 27 mai de l'année précédente. Une autre cause avait accru le deuil : la peste manifestait cruellement sa présence dans cette région qu'on appelle la Suisse française et qui a Genève pour capitale. Le jeune gentilhomme eut cependant le temps de se convaincre que sa mère avait été saintement inspirée en lui faisant prier Dieu *à la mode de Genève*. Il partit, emportant, comme tous ceux qui venaient dans *la forteresse de la foi,* le signe du calvinisme; mais il avait une telle douceur dans le caractère, qu'il en fut à peine effleuré. On vit le sage Mornay, jusqu'à son dernier jour, plutôt grave qu'austère.

II

Avec l'agrément de sa mère, Philippe se remit en route, désireux de « cognoistre par luy-même les estranges pays; » il parcourut l'Allemagne, puis l'Italie, dont prudemment il fit le tour par mer : les premiers successeurs d'Ignace de Loyola y entouraient de leurs noires milices le trône pontifical, où ne s'asseyaient plus que les héritiers de Dominique, le fondateur canonisé de l'Inquisition. Revenu en Allemagne, Mornay traversa la Hongrie; il travaillait et s'instruisait partout, menant de front l'étude de l'hébreu et du droit, de l'allemand et de l'italien; écrivant dans ce dernier idiome une relation de voyage, et un traité de controverse religieuse en langue latine [1]. Il se fit précéder en Hollande par deux *Adresses* aux insurgés des Pays-Bas, dont la cause était avant tout la sienne, celle de la liberté de conscience. Les Bataves haïssaient la domination des Espagnols; Mornay redoutait pour la France celle des Guises, alliés de ces mêmes Espagnols. Après une excursion en

---

[1] *Sur l'Église visible*, composé en trois jours à Cologne, 1571, resté inédit. — Haag, *la France protestante*, XIVe partie.

Angleterre, il rentra en France, presque à la veille de la Saint-Barthélemy (juillet 1572).

Sept années consacrées à voir de près différents peuples, à comparer les formes diverses des États, avaient mûri son jugement. Témoin d'événements et de spectacles sans nombre, qui avaient armé sa raison de toutes pièces, il était admirablement préparé à devenir le guide politique, le diplomate, le négociateur des huguenots. Les jours étaient sombres. Coligny, le chef militaire de la Réforme, allait tomber sous le fer des égorgeurs catholiques. Comme au temps des Albigeois, on entendait déjà le cri sauvage de Simon de Montfort : *Tue! tue! Dieu reconnaîtra les siens!*

L'effroyable massacre du 24 août 1572 s'accomplit. Mornay, à l'aide d'un déguisement, put échapper à la fureur des sicaires, et gagner Londres à travers mille dangers.

Son éloquence indignée, sa douleur émurent vivement la reine Élisabeth; mais l'Angleterre avait besoin de toute son énergie pour elle-même. C'est contre l'héritier de la puissance formidable de Charles-Quint, contre Philippe II, ce Torquemada couronné, digne d'être appelé *le démon du Midi*, que le peuple anglais se préparait aussi à une lutte à outrance. Le roi de l'Inquisition, l'hôte sinistre de l'Escurial, conserva ses forces menaçantes jusqu'en 1588, jusqu'au jour où la mer elle-même se déclarant contre lui, engloutit son *invincible Armada.*

Le monarque espagnol donnait, par-dessus la France, la main à ses cousins d'Autriche auxquels Charles-Quint avait laissé la moitié de ses vastes États, c'est-à-dire l'empire d'Allemagne. Le sang des Habsbourg avait produit un colosse à deux têtes, comme leur *aigle;* ces deux têtes portaient une couronne d'empereur et plus de couronnes de roi que n'en réunissaient les souverains de l'Europe. Il faudra la France avec Richelieu, les peuples protestants avec Gustave-Adolphe, et plus de cinquante ans de victoires pour abattre la puissance hispano-autrichienne.

III

Un Mémoire de Mornay « pour entreprendre la guerre contre l'Espagnol ès Pays-Bas » expose les vues profondes et les généreuses idées qu'il avait rapportées de ses longs voyages. La mort de Coligny fit évanouir les espérances caressées et les projets conçus. Les Guises triomphaient; le roi d'Espagne croyait voir dans un avenir prochain un de ces princes, assis sur le trône de France, lui rendre l'hommage d'un vassal à son suzerain.

Les quinze années du règne d'Henri III s'écoulent au milieu d'intrigues dont la main des femmes entre-croise les fils, où celle des hommes presse le poignard; d'alliances qu'on ne contracte solennellement que pour les rompre avec plus d'impudence; de guerres sans autre résultat que le sang répandu, les haines ranimées, les trahisons que chacun achète, que personne ne paye.

Mornay, presque seul, reste fidèle à l'honneur et au devoir. Il s'attache au roi de Navarre, et son dévouement n'est égalé que par son habileté. Homme de guerre et homme d'État, il commande dans une bataille, dirige un siége, ou bien met l'ordre dans les finances d'un royaume qu'il administre. Sa plume est au service de son maître comme sa parole; les manifestes qu'il signe sont aussi nombreux que les missions qu'il remplit. Sa prodigieuse activité ne néglige surtout aucune occasion d'être utile aux intérêts des réformés.

La polémique excitait sa verve autant que la controverse faisait valoir son érudition. Placé dans ce cadre, son portrait se rapproche beaucoup, et la presque similitude du nom ajoute encore à la ressemblance, de celui de Philippe de Marnix. L'histoire, qui est une lumière, laisse parfois dans l'ombre ceux qu'on en pourrait appeler les *oubliés*. Marnix a des titres particuliers à la reconnaissance des protestants; la Réforme lui est redevable de Guillaume le Taciturne. Grâce à un illustre écrivain, — Edgard Quinet, — *Marnix de Sainte-Aldegonde*, cette physionomie, une des plus originales du seizième siècle, brille depuis quelques années du vif éclat qu'elle n'aurait jamais dû perdre[1].

Les Églises réformées de France ne prenaient aucune décision de quelque importance qu'après avoir consulté Mornay. Une contestation s'élevait-elle, y avait-il divergence dans les avis; d'un commun accord, il était pris pour arbitre; son opinion faisait loi. Ce grand homme n'usait jamais plus de la considération dont il jouissait que lorsque « le bien de la cause » en exigeait l'emploi. Telles

---

[1] « Il y avait entre ces deux hommes (Marnix et Mornay) tant de ressemblance de caractère et de situation, que le lien n'eut pas de peine à se former (ils s'étaient connus en Hollande); tous deux ministres de deux grands hommes protestants, Henri IV et Guillaume d'Orange; tous deux destinés à voir tomber leur héros sous un assassinat; chefs militants de leur Eglise, hommes de plume et d'épée, de croyance surtout, que l'on a appelés les papes du protestantisme; roides et implacables dans la controverse, déliés et conciliants dans les affaires, le premier avec plus d'amertume et de tristesse, le second avec plus de flamme et d'ironie; également pénétrés de la foi nouvelle, vrais philosophes évangéliques..... Rien de salutaire pour l'âme comme la correspondance de ces deux sages. On pourait former des rares fragments qui subsistent une sorte d'Épictète chrétien. »

(EDGAR QUINET.)

étaient sa droiture et sa bienveillance naturelle que beaucoup de catholiques ne pouvaient s'empêcher de le tenir eux-mêmes en très haute estime. Quant à l'autorité que les réformés lui accordaient, elle allait jusqu'à inquiéter le roi de Navarre.

La jalousie du prince perçait sous la contrainte qu'il s'imposait. Était-ce la faute des « religionnaires » si Henri de Bourbon ne méritait pas leur reconnaissance et leur affection au même point? Fallait-il s'en prendre à eux, si à ses brillantes qualités le Béarnais ne joignait pas les vertus qu'ils admiraient dans François de La Noue, leur véritable capitaine depuis Andelot et Coligny; dans Agrippa d'Aubigné, cœur de feu, âme épique comme ses vers; dans Philippe de Mornay, que les ligueurs appelaient *le pape des huguenots?* — De Calvin, on avait dit : *le pape de Genève.* — C'était chose facile pour le fils de Jeanne d'Albret, roi de Navarre, futur roi de France, que d'être, s'il l'avait voulu, « le pape de Paris; » mais Henri redoutait plus que Mornay les sarcasmes des *guisards;* il jugea que « la grand'ville valait bien une messe. »

IV

La mêlée meurtrière dans laquelle les *trois Henri* (le Valois, le Bourbon et le Guise) s'acharnaient à épuiser la France au profit de leur ambition, touchait cependant à sa dernière phase. Les huguenots avaient résisté à toutes les coalitions; *royalistes, politiques, malcontents, ligueurs* les avaient accablés quelquefois sous le nombre; mais aux phalanges décimées sur les champs de bataille, ou autour des places fortes investies, succédaient sans relâche des phalanges nouvelles; leur courage et leur enthousiasme aidèrent beaucoup à leur salut, moins encore que leur constance; par-dessus tout, leur trop multiple ennemi les sauva. L'envie divisa ceux que l'astuce avait unis. Le duc de Guise était pour le roi de France un allié trop redoutable; Henri III, pour résister au Lorrain, se rapprocha du Béarnais; celui-ci, déjà sacrifié par le roi des *mignons* au chef de la Ligue, exigea, sur le conseil de Mornay, des garanties sérieuses; d'abord le libre exercice du culte réformé, ensuite la possession de certaines villes du royal domaine des Valois. Saumur, une des principales de ces *places de sûreté*, reçut avec joie le gouverneur que les deux rois lui envoyèrent : c'était Mornay. Sous son administration, Saumur jouit d'une prospérité qu'elle n'avait jamais connue.

En chargeant son plus fidèle et son plus habile serviteur de ce gouvernement, Henri de Navarre crut avoir assez fait pour récompenser un dévouement qu'il sentait supérieur aux atteintes de l'ingratitude. Le jeune Maximilien de Béthune, alors baron de Rosny, gagnait chaque jour dans l'affection du prince tout ce qui perdait Philippe de Mornay. Les honneurs s'accumulèrent sur la tête de l'un, qui devint duc de Sully (1606) et ministre omnipotent, pendant que l'autre vieillissait oublié dans son commandement de Saumur, n'étant jamais, comme devant, que simple seigneur Du Plessis, titre qu'il devait à l'héritage maternel.

Quand un coup de poignard eut débarrassé Henri III de son cousin le *Balafré* (23 décembre 1588), la Ligue poussa un cri de fureur et, ramassant l'arme ensanglantée, la retourna contre le Valois. Un moine dominicain, Jacques Clément, tua le roi (1er août 1589). Le roi tué, la Ligue s'adjugea la couronne et cria dans Paris, dont elle était maîtresse : *Vive la Ligue!* Elle fit un fantôme de roi de Charles de Bourbon, cardinal de Vendôme; mais le *Charles X en barrette* fut gardé à vue par Mornay qui cria : *Vive Henri IV!*

Mornay était un vaillant soldat; il s'était surtout distingué à Coutras (20 octobre 1587); à Ivry, il eut un cheval tué sous lui (14 mars 1590).

V

Roi par droit de naissance, Henri se tint prêt à

le devenir par droit de conquête. La Ligue se remit en campagne sous les ordres du duc de Mayenne, frère du Balafré. Le Béarnais triompha partout. Les victoires d'Arques et d'Ivry ne furent pas stériles comme celles des règnes précédents. La mort de Farnèse, envoyé par l'Espagne au secours de Paris assiégé, amena la soumission de Mayenne, qui traita avec Mornay; puis celle du duc de Mercœur, autre frère de Guise. Le roi n'avait plus qu'à entrer dans sa capitale; mais sa bonne ville de Paris tenait ses portes fermées devant le monarque hérétique. Mornay supplia Henri de rester fidèle au culte de Jeanne d'Albret, affirmant que les Parisiens suivraient l'exemple de Mayenne; l'avis contraire de Rosny prévalut. Rosny qui lui-même n'aurait pas abjuré, — ce qu'il ne voulut jamais faire, — engagea son maître à s'humilier devant le pontife romain, Clément VIII.

L'abjuration du roi (dimanche 25 juillet 1593) remplit l'âme de Mornay de tristesse et d'appréhension. Retiré à Saumur, il ne parut que de loin en loin à la cour; cependant il prit une grande part, avec le ministre Daniel Chamier, à l'octroi de l'Édit de Nantes (13 avril 1598), qui assura « à ceux de la Religion » la liberté de conscience et de culte, achetée au prix de tant de douleurs et de sang !

La présence de Du Plessis était pour le roi un

reproche vivant; aussi saisissait-il toutes les occasions d'y échapper. Une querelle théologique s'éleva autour d'un traité de Mornay sur l'*Eucharistie*; Henri IV ordonna qu'une conférence eût lieu à Fontainebleau. Le 4 mai 1600, Jacques Davy Du Perron, huguenot auquel son apostasie avait valu l'évêché d'Évreux, y prouva, au jugement du chancelier du royaume, Pomponne de Bellièvre, qui présidait gravement, avec le roi, à cette parade solennelle, que neuf citations faites par Mornay dans son livre manquaient d'exactitude. Le livre en contenait plus de quatre mille! Clément VIII s'empressa d'envoyer à Du Perron le chapeau de cardinal; Henri IV, de nommer l'évêque d'Évreux, archevêque de Sens.

Mornay reprit le chemin de Saumur. Sa retraite lui devint chère. Il voulut y mourir et n'en sortit plus que pour défendre, toujours et partout, les droits sacrés de ses coreligionnaires. La nouvelle de la mort du roi, assassiné par François Ravaillac (14 mai 1610), lui arracha des larmes et lui fit perdre le souvenir des injures qu'il en avait reçues.

Sous la régence de Marie de Médicis, l'illustre vieillard resta éloigné des sphères du pouvoir. Il vit passer de Saumur les orages qui agitèrent la minorité de Louis XIII; enfin, il venait d'accomplir sa soixante-quatorzième année, lorsque, six jours après, le samedi 11 novembre 1623, entre six et sept heures du matin, « il alla revivre dans la gloire du Seigneur. » Le pasteur Jean Daillé l'assista dans ses derniers moments.

Le 9 novembre, Mornay disait : « Je me retire
« de la vie, je ne m'en enfuis pas; j'ai combattu le
« bon combat, j'ai parachevé la course, j'ai gardé
« la foi. »

Philippe de Mornay est tout entier dans un mot : il personnifia l'héroïsme de la vertu.

Une statue lui a été dressée, il y a quelques années, à Saumur.

Ainsi s'est trouvée réalisée cette parole d'un des principaux chefs catholiques (d'Aumont) qui ne croyait sans doute pas être si bon prophète :

« Vous valez mieux que nous, Monsieur Du Plessis, et si j'ai dit tantôt qu'il fallait vous donner du pistolet dans la tête, je dis maintenant qu'il vous faut dresser une statue. »

II

HENRI DE ROHAN

HENRI, DUC DE ROHAN

HENRI DE ROHAN

1579-1638

—

Avec tous les talents le ciel l'avait fait naître ;
Il agit en héros, en sage il écrivit;
Il fut même grand homme, en combattant son maître,
Et plus grand lorsqu'il le servit.

Ces quatre vers de Voltaire sont l'éloge le plus complet qui ait été prononcé à la louange de celui qui avait, au dire de l'abbé Perau, la réputation d'un des plus grands hommes de son siècle, aussi recommandable par ses qualités militaires que par ses talents pour les affaires et les négociations.

Henri de Rohan, fils de René de Rohan et de la célèbre Catherine de Parthenay-Larchevêque, est le type le plus remarquable du huguenot militant dont l'histoire des guerres de religion sous Louis XIII nous ait laissé le souvenir.

Sa mère, après la mort de son mari, arrivée en 1585, alors que le jeune Henri touchait à sa sixième année, fit donner au fils aîné de cette fière race, qui avait pris pour devise :

> Roi ne puis,
> Duc, je ne daigne,
> Rohan suis,

une éducation capable d'en faire un grand homme. La *Vie des grands Hommes,* par Plutarque, et les *Commentaires* de César furent pour Henri les livres de contes de fée que son enfance aima à feuilleter. Les héros de la Grèce et de Rome lui inculquèrent la simplicité, la frugalité, la réserve dans ses paroles et dans son maintien. Sa jeunesse, passée au milieu d'une cour aussi corrompue que celle d'Henri IV, se garda de tout excès et des passions auxquelles les courtisans de ce temps se livraient sans contrainte.

Au lieu de passer son temps à fréquenter le jeu et les femmes galantes, ses goûts austères le portèrent à l'étude de l'histoire, de la géographie et des mathématiques, ces *sciences de princes*, comme il les appelait.

Pour compléter cette forte éducation, Henri de

Rohan résolut de voyager et de visiter les principaux États de l'Europe. Il avait dix-neuf ans lorsqu'il parcourut la Bavière, le Tyrol, l'Italie, l'Allemagne, la Hollande, la Flandre, l'Angleterre et l'Écosse. Ce politique imberbe consacra deux ans à rechercher les causes de la grandeur et celles de la décadence des États, à étudier le génie des peuples et la politique des princes.

Sa haute naissance et sa brillante conduite au siége d'Amiens l'avaient signalé à l'affection d'Henri IV, qui le créa duc et pair, et lui fit épouser Marguerite de Béthune, fille aînée de Sully, d'une beauté remarquable, de beaucoup d'esprit et d'un grand courage.

Il est difficile, à notre époque de tolérance religieuse, de nous faire une très juste idée des colères qui animèrent, après la mort d'Henri IV, les catholiques contre les protestants et réciproquement.

Défendre sa foi par d'autres moyens que le raisonnement et la persuasion nous a toujours semblé un crime de lèse-humanité. Aussi est-ce avec peine que nous nous résignons à retracer les épisodes de ces guerres fratricides dans lesquelles les oppresseurs commettaient les atrocités que les opprimés, emportés par le sentiment de la vengeance, se faisaient un devoir de rendre le lendemain d'un succès. Nous ne pensons pas que le Dieu qui a dit à Pierre de rentrer son épée dans le fourreau ait voulu que les adeptes de sa doctrine adoptassent les moyens de rigueur pour répandre ses principes divins.

Nous ne pouvons ignorer cependant que derrière la question religieuse se tenait toujours cachée la question politique, et que Richelieu, travaillant à constituer l'unité monarchique en France, ne pouvait comprendre comment une minorité cherchait à contrarier ses plans et voulait, comme il le disait lui-même, former un État dans l'État. Le profond ministre de Louis XIII tolérait difficilement la possession des villes de la Rochelle, de Montauban, de Nîmes, Castres, Uzès et Montpellier par les protestants. Ce grand démolisseur des féodalités ne voulait laisser subsister, à côté de la royauté, pas plus les priviléges religieux que ceux des grands seigneurs.

C'est en étudiant la vie d'Henri de Rohan que nous allons voir se dérouler, devant nos yeux, les péripéties de cette lutte qui finit par l'absorption du protestantisme par l'unité française.

Nous connaissons déjà la trempe du caractère dont était doué le grand capitaine, qui domine cette époque de sa remarquable personnalité. Nous allons suivre Henri de Rohan pas à pas dans les efforts désespérés qu'il fit pour sauvegarder l'indépendance des réformés.

Jamais plus noble tâche ne fut confiée à homme

plus digne. L'histoire est forcée d'avouer que si le chef protestant succomba sous le génie et la puissance de Richelieu, il ne succomba pas du moins sans gloire.

Nous avons vu que l'éducation avait formé Henri de Rohan à la carrière des armes et à la sagesse des législateurs. Nous savons quelles étaient les qualités de ce duc qui, s'appliquant sans affectation aux lectures sérieuses; assidu, sans hypocrisie, aux pratiques de piété; fort retenu en ses passions; qui, ayant rompu son corps bien proportionné à tous les exercices, avait été préparé par ses goûts à la vie des camps et par ses études à la discussion de tous les intérêts des réformés.

Sully, effrayé par les intrigues qui se nouaient sur le cercueil d'Henri IV assassiné, rappela en toute hâte son gendre qui, en qualité de colonel général des Suisses, était sur le point d'envahir l'Allemagne, de concert avec l'armée du duc de Nevers. Henri de Rohan se hâta d'obéir, mais en route il reçut un contre-ordre qui lui enjoignait de seconder le prince Maurice dans les opérations du siége de Juliers.

Après la capitulation de cette place, Rohan rentra en France. Envoyé par les protestants de la Bretagne à l'assemblée de Saumur, il s'y appliqua à contrecarrer les projets ambitieux du duc de Bouillon et à faire voter en faveur de l'élection directe.

L'année suivante, il présida l'assemblée de la Saintonge, qui prit le parti d'adresser des remontrances au roi et à la reine mère. Ces remontrances, portées à Marie de Médicis par Du Parc-d'Archiac, Bourdeaux, Montausier et Fontenelles, furent assez mal reçues par Sa Majesté, qui, fort prévenue contre Rohan, le manda à la cour et lui fit de vifs reproches sur la conduite qu'il avait tenue dans les assemblées de Saumur et de la Saintonge.

La conduite ferme et habile de Rohan à Saint-Jean d'Angely où, au mépris des ordres de la régente, il fit procéder à l'élection d'un nouveau maire, attirèrent sur lui les colères royales. Les agents d'Henri furent mis à la Bastille; sa mère, sa femme et ses sœurs furent internées à Paris. On voulait pousser à bout le duc pour avoir une raison d'écraser son influence, qui ne faisait que grandir. Rohan s'irrita en effet, et pensant, dit-il lui-même, que ses ennemis ne s'arrêteraient pas en aussi beau chemin, il se prépara le mieux qu'il lui fut possible à la résistance.

Heureusement que les sages conseils de Du Plessis-Mornay et les efforts du synode national de Privas parvinrent à rétablir, d'un côté un accommodement avec l'autorité royale, de l'autre la bonne harmonie entre les chefs huguenots.

Condé avait pris les armes contre la cour et avait fait tous ses efforts pour entraîner Rohan dans son parti. Fidèle aux engagements qu'il avait pris en se réconciliant avec la reine mère, Henri vint à Poitiers offrir ses services au roi. « Ma résolution, dit-il, est de servir fidèlement la reine contre M. le prince, de procurer de tout mon pouvoir le bien et la grandeur de ce royaume, d'y porter en ce que je pourrai tous ceux de la religion. »

Il faisait cependant ses restrictions, restrictions que nous approuvons de toute l'énergie de notre foi protestante. « Mais, ajoute Rohan, si par passion qu'on ait contre ceux de la dite religion, et par mauvais conseil, on les traite comme à Saumur, je déclare que je ne me désunirai jamais des résolutions publiques prises par l'assemblée. »

Au-dessus de ses devoirs de sujet, Rohan, on le voit, mettait les intérêts de sa foi religieuse, tellement cette grande âme comprenait que la liberté de conscience était le premier des droits, inviolable même par le pouvoir royal.

Méprisé par la cour, qui le regardait et le traitait comme un ambitieux nécessiteux qu'elle n'aurait jamais de peine à conserver, sollicité par son frère Soubise, excité par les plaintes de l'assemblée de Grenoble, dont les remontrances n'avaient pas eu plus de succès que celles de Saumur, emporté par le désir d'être utile aux réformés qu'on recommençait à tracasser, Rohan commença cette carrière militaire qui lui a valu la réputation d'un des plus grands hommes de guerre de son siècle.

Il entra en campagne, et débuta par la prise de Lectoure et de Damazau. Il réussit à faire déclarer Mautauban en sa faveur. Sur ces entrefaites, l'assemblée de Nîmes le nomma commandant du Haut-Languedoc et de la Haute-Guyenne.

Condé venait de faire sa paix avec la régente. Rohan fit aussi la sienne et obtint, comme gage de réconciliation, le gouvernement du Poitou, dont Sully se défit en sa faveur. Il donna une preuve du respect de la foi jurée en prenant les armes pour la cour et en contribuant au siége de Soissons. Après l'arrestation de Marie de Médicis, il resta fidèle au malheur de cette grandeur déchue et travailla au rapprochement de la mère avec le fils.

Cependant le mécontentement augmentait chez les protestants. Une assemblée, tenue à la Rochelle, décida, malgré l'avis des grands seigneurs du parti, de se mettre en révolte ouverte contre le roi.

Rohan, entraîné par une générosité imprudente, se rendit dans son gouvernement, arriva à Montauban, organisa la résistance, traça lui-même le plan de nouvelles fortifications et vint prendre position à Castres pour surveiller au besoin le siége de la ville, contre laquelle marchait le connétable de Luynes. Les armes de Louis XIII vinrent s'émousser contre les murs de la cité huguenote.

Après avoir forcé le connétable à lever le siége de Montauban, Henri de Rohan, tout convalescent encore d'une fièvre qui l'avait tenu quinze jours au lit, entreprit le siége de Montlaur pour forcer, par une diversion, Montmorency à abandonner le siége de Bédarieux. Il ne put empêcher la capitulation de cette ville, mais il força Saussan et Saint-Georges à se rendre, attaqua inutilement Vérune, prit Gignac, plusieurs châteaux et villages fortifiés.

Rohan déploya dans cette campagne une vigilance, une fermeté et une activité prodigieuses. Ses travaux militaires ne l'empêchèrent pas de se rendre à Laval pour suivre, avec Lesdiguières, des négociations qui ne purent aboutir.

L'échec de Louis XIII, qui était venu en personne assiéger Montpellier, facilita ces négociations, et le roi se décida à traiter. Il fut convenu que la Rochelle et Montauban conserveraient leurs fortifications intactes; que Nîmes, Castres, Uzès et Milhau ne raseraient que la moitié des leurs, et qu'il ne serait ni mis de garnison ni bâti de citadelle à Montpellier. Rohan obtint les gouvernements de Nîmes et d'Uzès, une somme de 800,000 livres et le rétablissement de ses pensions.

Mais Louis XIII viola sans scrupule et sans honte le dernier traité de paix. La garnison de

Montpellier ne fut pas retirée; le fort Louis, qui menaçait la Rochelle, au lieu d'être démoli comme il en avait été convenu, fut approvisionné sur le pied de guerre; Rohan lui-même fut retenu prisonnier par Valençay qui commandait à Montpellier. Le duc fut cependant relâché sur l'ordre du roi.

Des préparatifs pour bloquer par mer la Rochelle jetèrent l'alarme dans le parti des huguenots. Les Rochellois, effrayés, s'adressèrent à Soubise, qui entraîna son frère. Henri de Rohan parvint à réunir 2,000 hommes de pied et 400 chevaux, occupa Puylaurens, Revel, Sorrèze, Saint-Paul-Lamiatte, Briatexte, et se rendit de là dans le Bas-Languedoc, marcha sur Sommières, dont il ne put s'emparer, et vola au secours du Haut-Languedoc. Les succès qu'il obtint dans cette province, un avantage remporté par son frère Soubise sur la flotte royale, 16 juillet 1625, amenèrent de nouvelles négociations, et un traité de paix fut enfin signé, sous les auspices de l'ambassadeur anglais, le 5 février 1626.

Les conditions de ce nouveau traité ne furent pas mieux tenues par Richelieu que celles des précédents. Le dessein du ministre était d'exterminer en France l'hérésie, à laquelle il donnait la main en Allemagne. Ce double rôle était dicté par sa politique.

Charles Ier d'Angleterre, garant du nouveau traité, voyant qu'aucune des clauses de la paix n'étaient respectées, envoya une flotte devant La Rochelle.

Rohan, de son côté, supplié par les États du Bas-Languedoc de reprendre le commandement en chef, fit faire des levées à ses frais, se rendit dans le Rouergue, y prit quelques petites places fortes et entra à Milhau en triomphateur. La province entière se rangea de son parti. Dans l'Albigeois, le duc, que les édits royaux et le parlement de Toulouse condamnaient à une mort infamante comme coupable de haute trahison, s'empara de Roquecourbe, de Revel, de Réalmont, força Montmorency à lui livrer le passage du pays de Foix, entra à Mazères, à Saverdun, prit Pamiers, le Mas d'Azil, et se rendit maître de tout le pays.

Henri échoua devant la citadelle de Montpellier et vit, dans la campagne suivante, sa cavalerie battue et le régiment de Mourmoirac mis en déroute. Le ferme et patient capitaine ne se découragea pas. Une heureuse campagne dans le Vivarais le consola de ces échecs.

Rappelé dans le Bas-Languedoc, il y rencontra Condé, avec *lequel il lutta de terribles représailles.*

Rohan luttait seul contre toutes les troupes royales, continuellement traversé dans ses plans et calomnié par ses coreligionnaires mécontents. Sans argent, sans munitions, sa tête mise à prix, attaqué, avec une poignée d'hommes, par six armées dont chacune comptait un nombre double de soldats, Henri ne sentit pas faiblir son courage. « Il se promit de ne poser les armes que par un traité honorable, dans lequel seraient comprises toutes les Églises. »

C'est assurément ici le plus beau moment de sa vie. C'est dans cette circonstance qu'il se montre un des dignes continuateurs des héros de Plutarque.

Il n'y avait plus à compter sur le secours du roi d'Angleterre, dont la flotte avait déjà abandonné la Rochelle et qui venait de signer la paix avec Louis XIII, sans y comprendre les huguenots.

Rohan se rejeta du côté de l'Espagne et de la Savoie, et entama avec ces deux États des négociations tout en faisant des efforts surhumains pour prolonger une lutte dont ne voulaient même plus les protestants découragés. Les nouveaux alliés ne tinrent pas leurs promesses, et le duc huguenot sentit la nécessité d'ouvrir de nouvelles négociations, « jugeant qu'une paix générale, quelque désavantageuse qu'elle pût être, était meilleure *qu'une dissipation des édits*, qui s'ensuivrait indubitablement si chaque communauté faisait sa paix en particulier. » L'édit de pacification fut signé à Alais, le 27 juin 1629.

Rohan se retira à Venise, auprès de sa femme et de sa fille. C'est dans cette ville qu'il écrivit ses Mémoires, qui, dit l'abbé Le Gendre, *sentent son homme de qualité, qui parle également bien de la guerre et du cabinet.* Venise, dans un moment critique, après la défaite de ses troupes par les Impériaux, éleva le duc Henri de Rohan au commandement général de son armée. Mais la paix étant venue à se conclure, le grand capitaine n'eut pas l'occasion de faire briller ses talents militaires. De la cité des lagunes, Rohan se retira à Padoue, où il composa *Le parfait capitaine, autrement l'Abrégé des guerres de la Gaule, des Commentaires de César*, et *De la corruption de la milice et des moyens de la remettre dans son ancienne splendeur.*

Richelieu venait de déclarer la guerre à l'Autriche et à l'Espagne. Rohan, rappelé en France, reçut le commandement d'un corps d'armée, avec lequel il entra en Alsace, investit Belfort, força Altkirch de se rendre, s'empara de Rouffac et d'Ensisheim, et se mit en marche sur Bâle pour s'emparer de la Valteline. Il traversa la Suisse et se trouva à la tête de 3,400 hommes au moment où les Allemands et les Espagnols envahirent la vallée. Il battit les Impériaux à Luvino et à Tirano. Ces deux victoires successives amenèrent la prise de Bormio et l'évacuation de la Valteline par les troupes alliées.

Trois mois après, les Impériaux revinrent à la charge. Ils furent de nouveau battus au val de Fresne et forcés de gagner le Tyrol. D'un autre côté, Serbelloni fut défait à Morbegno et obligé de battre en retraite.

Cette belle campagne valut simplement à Rohan une lettre de remercîments de la part de Sa Majesté Louis XIII, mais il n'était pas de ceux à qui une injustice fait oublier leur devoir.

Délaissé par Richelieu, sans argent, sans vivres et sans munitions, menacé par les Grisons, à qui on avait promis de rendre la Valteline et qui s'étaient soulevés parce que le gouvernement de Louis XIII n'avait pas tenu sa promesse, Rohan se jeta dans le fort de Reichenau, où il fut immédiatement assiégé, et d'où le tira la convention du 26 mars, par laquelle il était stipulé que la France évacuerait le pays, que le fort du Rhin serait remis aux Suisses, et que Rohan resterait en otage jusqu'à l'exécution pleine et entière du traité.

Richelieu fit la sourde oreille à toutes les dépêches du duc, qui fit sortir ses troupes de la Valteline, donna sa démission et se retira à Genève. Obligé de quitter la Suisse à cause de l'inquiétude que son séjour dans ce pays donnait à la cour de France, Rohan se retira dans le camp de son ami Bernard de Saxe-Weimar, avec lequel il livra contre les Impériaux le combat de Rheinfeld, 28 février 1638. Dans le combat, ce vaillant capitaine, âgé de cinquante-neuf ans, fit des prodiges de valeur.

Ce fut là le dernier éclair de sa vie militaire. Meurtri et atteint de deux coups de feu, au pied et à l'épaule, Rohan se fit conduire à l'abbaye de Kœnigsfelden où, le 13 avril suivant, il expirait des suites de ses blessures. Son corps fut transporté à Genève, déposé dans une chapelle du temple Saint-Pierre avec une cérémonie digne du grand huguenot qui avait consacré sa vie au service d'une cause que ses talents militaires avaient pu seulement galvaniser, cause que les aïeux, pleins de zèle et de foi, avaient si énergiquement soutenue jadis, et dont *la lâcheté, l'irréligion et l'infidélité des réformés* contemporains, comme le disait Rohan découragé, avaient consommé la ruine bien plus que *la mauvaise volonté de leurs ennemis.*

III

SULLY

SULLY.

SULLY

1560-1641

I

Le nom de Sully est inséparable de celui d'Henri IV. Comme ces médailles de l'ancienne Rome qui présentent l'image d'un Auguste et d'un César, le roi de France et son ministre offrent ensemble leurs traits au pinceau de l'historien. Il y a dans nos annales des règnes où les souverains restent dans l'ombre, tandis que la lumière entoure leurs conseillers. On se souvient de Suger sans penser à Louis VII; Richelieu se dresse dans son génie, et le trône de Louis XIII ne sert que de piédestal à cette imposante statue. Avec Henri IV et Sully, les proportions deviennent égales; la franchise de Sully est quelquefois pleine de rudesse, mais Henri IV, en se laissant « heurter, » garde l'autorité d'un maître. La dignité de l'homme souffre seule des attaques du sévère censeur, nouveau Caton, que le roi appelle depuis de longues années son « vray et grand amy. »

Henri avait dix-neuf ans, Sully en avait douze, lorsque se forma, le lendemain de la Saint-Barthélemy, cette *vraie et grande amitié* que la mort seule put rompre.

Maximilien de Béthune naquit à Rosny le 13 décembre 1560[1]. Son père, François de Béthune, intrépide combattant dans les rangs huguenots, fut fait prisonnier à la bataille de Jarnac. Henri de Navarre se trouvant de passage à Vendôme, le sire de Béthune lui présenta son fils, que l'héritier de Jeanne d'Albret emmena à Paris. Maximilien poursuivait au quartier des Écoles le cours de ses études, lorsque le tocsin de Saint-Germain-l'Auxerrois sonna les sanglantes matines du 24 août 1572. Son jeune âge ne l'eût pas sauvé ; sa présence d'esprit lui inspira une ruse qui le mit hors de danger. En habit d'écolier, un mouchoir blanc noué autour du bras droit, une croix de même couleur fixée à son chapeau et tenant dans

---

[1] MM. Haag, disent d'après le généalogiste André Du Chesne : 1559. — Thomas, dans son *Éloge de Sully*, 1560.

sa main un missel, il courut demander asile au régent de son collége. Peu de jours après, le roi de Navarre se chargea de son avenir et l'admit dans sa maison.

Devenu baron de Rosny en 1575 par le décès de son père, Maximilien[1] accompagna l'année suivante son protecteur en Touraine; le Navarrais avait réussi à s'échapper de la cour de Catherine de Médicis. Sully se hâta de prendre part aux luttes de son parti. Il se signala par des coups d'éclat aux siéges de la Réole (1577), de Villefranche et de Marmande. Des affaires de famille l'appelant en Flandre, il y suivit le duc d'Anjou, auparavant duc d'Alençon; mais il fut bientôt de retour auprès du roi de Navarre, qu'il vint rejoindre en Guyenne. Le service du digne frère d'Henri III réclamait des gens dont il n'eut garde d'être longtemps le compagnon. Envoyé à Paris en mission secrète, il y épousa Anne de Courtenay, héritière d'une illustre et riche maison. Elle était fille de François de Courtenay et de Louise de Jaucourt (1584).

---

[1] Ce n'est qu'en 1606 que le baron de Rosny reçut les lettres royales qui le créèrent duc de Sully; c'est sous ce nom qu'il a marqué sa place dans l'histoire; il sera donc permis de faire passer, dans cette rapide esquisse de sa vie, les prérogatives de la célébrité avant les droits de la chronologie.

II

La fortune et l'influence de Sully dans les conseils du roi de Navarre s'accrurent rapidement. La guerre ne fit pas seulement briller sa bravoure, elle lui offrit l'occasion de se livrer à des spéculations qu'il sut rendre heureuses. L'homme d'armes et le financier marchaient de front. Le trésor et les armées d'Henri IV devaient retirer un jour de grands avantages de ces diverses aptitudes, rarement le partage d'un seul. Les prodigalités et la licence furent les adversaires les plus acharnés que Sully eut à combattre : par l'économie et l'ordre il triompha de tous les deux.

Cependant les événements militaires se succédaient. Sully était présent partout. Tantôt il commanda les arquebusiers, tantôt il dirigea le feu de l'artillerie, comme à Coutras (20 octobre 1587), où les calvinistes remportèrent une victoire complète. Aux fameuses batailles d'Arques et d'Ivry, son courage accomplit des prodiges. Dans cette dernière journée il reçut des blessures si nombreuses et si graves, qu'on fut surpris autant que joyeux lorsqu'on le vit revenir au camp.

Son arme de prédilection était l'artillerie; ses connaissances et son habileté lui avaient acquis, comme ingénieur militaire, une renommée qui, à chaque siége, devenait plus éclatante.

De 1591 à 1601, Henri IV lui dut la prise de la plupart des villes, forteresses et châteaux qui tombèrent en son pouvoir. Les places réputées inexpugnables étaient contraintes de capituler quand Sully les attaquait. Il prenait d'assaut celles qui refusaient de se rendre. La muse à demi grecque de Ronsard aurait pu lui décerner, comme à un nouveau Démétrius, le surnom de Poliorcète (le preneur de villes), mais le *prince des poëtes* venait de descendre des hauteurs du Parnasse aux abîmes de l'Achéron. Ronsard tenait d'ailleurs en médiocre estime « la huguenoterie. »

Les travaux de la guerre n'absorbaient pas tous les moments de Sully. Son autorité était devenue prépondérante auprès d'Henri IV. Tandis que le courage des phalanges calvinistes frayait à ce prince le chemin du trône, celui-ci dissimulait à peine le secret déplaisir que lui causait ce long et inaltérable dévouement. A la grandeur des services qu'il ne cessait de recevoir, le Béarnais mesurait avec dépit celle de sa reconnaissance future. On lui donnait trop, pensait-il, pour qu'on lui demandât peu. Devinant les intentions du roi, Sully s'empressa d'offrir aux chefs de la Ligue le prix de leur soumission. Ambitieux, mais plus cupides encore, beaucoup de ces fiers opposants acceptèrent le marché proposé. Quelques-uns qu'on avait oubliés dans ces vénales négociations, osèrent se plaindre de cet oubli. A cette époque si profondément troublée, les passions secouaient le joug de toute loi morale. Qui eût empêché, sous Charles IX, l'Hôpital d'acheter le parlement? Quand la dignité de la toge peut être mise aux enchères, n'a-t-on pas toujours vu le soldat se hâter d'y mettre l'honneur de l'épée? Sully connaissait bien les hommes de son temps. Il n'avait ni les scrupules de l'Hôpital, ni la délicatesse de Mornay. Il remplissait les coffres du roi et il les vidait pour son service, employant vis-à-vis des autres des moyens dont il n'aurait pas souffert qu'on usât envers lui-même.

Homme d'État, il ne recherchait que l'utile et le possible. Il arrivait au but déterminé par sa clairvoyance, avec l'infaillible précision du boulet qu'il excellait à diriger. Malgré de continuelles agitations au dedans et au dehors, malgré des complots régicides sans cesse renouvelés, il donna aux pouvoirs publics une puissante organisation; Henri IV eut, grâce à lui, un gouvernement, des finances et une armée. Quand Ravaillac le frappa, le roi n'était pas, comme ses prédécesseurs, le chef nominal de son royaume, il en était le maître. Les dernières convulsions des partis annonçaient l'avénement prochain du régime purement monarchique. Les troubles de la minorité de Louis XIII eussent ruiné l'État et renversé le prince, si le passage de Sully aux affaires ne les eût précédés. Richelieu porta aux factions les derniers coups en faisant un usage terrible des instruments que Sully avait créées.

III

Henri IV se lassait de livrer des batailles et d'investir des places; d'être, comme Charles VII, obligé de conquérir pièce à pièce son royaume; l'amant de Gabrielle d'Estrées rappelait encore par sa galanterie celui d'Agnès Sorel. Mais là s'arrêtait la ressemblance. Henri de Navarre était un véritable héros, tandis que Charles de Valois n'avait dû le surnom de *Victorieux* qu'aux prouesses de Jeanne d'Arc, de Dunois et de ses émules. Depuis quatre ans le Béarnais avait obtenu toutes sortes de succès, mais aucun ne lui avait ouvert les portes de Paris. Il comprenait, et c'était aussi l'opinion de Sully, que de son entrée dans la capitale dépendait la possession complète de la France. L'or amassé dans ses coffres par Mornay et Sully avait détaché de la Ligue ses chefs les plus influents; l'anarchie dévorait les Parisiens assiégés; l'étranger prêtait aux partis opposés de perfides secours; le démembrement de la patrie était le rêve de maints petits despotes. Le désordre général était si grand, qu'il tardait à beaucoup même de ceux qui l'avaient produit, de le voir disparaître; mais la voix des moines tonnait dans les chaires et sur les places publiques; le fils aîné de l'Église pouvait seul porter la couronne de Saint-Louis. C'était là l'unique thème de leurs furibondes prédications : — L'hérésie était la lèpre de l'âme; chrétien, c'est-à-dire catholique-romain, non moins que mâle, la loi salique voulait le roi. Sur ce thème, les variations étaient infinies. — Henri IV avait traité dans un manifeste Sixte-Quint de « soi-disant pape. » Reconnaître comme roi de France ce prince, soutien de l'hérésie, n'était-ce pas « mettre Monsieur saint Denis hors de sa chapelle? »

À tant d'animosités et de résistances il devenait urgent de mettre un terme. Renonçant à poursuivre une guerre qui traînait en longueur et couvrait le pays de ruines et de sang, Henri se montra enclin à abjurer. En vain Mornay et d'Aubigné le supplièrent-ils de ne pas abandonner le culte dont sa glorieuse mère Jeanne d'Albret lui avait fait jurer d'être le défenseur. Le parti du roi était arrêté. Sully proposa hautement l'abjuration comme le seul moyen de désarmer les factieux et les traîtres. Il invoqua les intérêts de la raison d'État. Cette loi suprême des souverains et des peuples exigeait, à son avis, que le roi changeât de religion. Henri IV était persuadé avant que Sully eût parlé. On assembla docteurs et théologiens, prêtres et ministres. Le roi *se fit instruire.* Il rassura les huguenots, inspira à Mornay une confiance qu'il avait hâte de tromper. Il avait trop longtemps vécu à la cour des Valois pour ignorer les accommodantes maximes de ses hôtes. Façonné à la duplicité, il fit accepter sa conversion par les catholiques, et espérer aux huguenots son retour à leur foi. « J'y mourrai ! » leur dit-il, et il abjura solennellement.

La conduite que tint Sully dans cette circonstance a été jugée par des écrivains protestants avec une excessive sévérité. Ils ne se sont peut-être pas assez souvenus que Sully resta huguenot; qu'il fut inébranlable dans son attachement à sa croyance. Au moment de l'abjuration du roi, il y avait seize ans que Sully combattait dans les armées calvinistes (1577-1593). Son courage héroïque, attesté par d'innombrables blessures, les coups hardis par lesquels il s'était partout fait remarquer, lui auraient mérité la réputation d'un valeureux et savant capitaine, si les talents extraordinaires qu'il déploya dans le gouvernement de l'État ne lui eussent assuré une renommée plus haute encore.

Qu'il ait désespéré à tort de voir le double triomphe de la cause royale et de la Réforme, on peut le croire ou le contester; mais si l'on veut être juste et vrai, il faut reconnaître qu'il en désespéra, et voir son excuse dans sa faute même. Sully pensa qu'un homme d'État se devait avant tout au salut de son pays. Ses détracteurs seraient-ils ses panégyristes, s'il eût dit : Périsse l'unité française plutôt que la religion du souverain?

IV

La pacification du royaume fut loin cependant d'être complète après l'abjuration du roi. Le monarque ne fit même que l'année suivante son entrée dans Paris, et Clément VIII, en envoyant ses brefs d'absolution, imposa à la couronne la suprématie de la tiare. Les huguenots se montrèrent plus mécontents qu'irrités; ils s'obstinèrent à douter de la sincérité du royal converti, contre lequel le fanatisme catholique ne cessa de conspirer. Châtel, Barrière et d'autres assassins, tentèrent la sinistre entreprise que Ravaillac devait exécuter.

Philippe II, ce triste génie qui inspirait la Ligue, continua à fomenter la division. Ses troupes ne sortirent de France qu'à la paix de Vervins (2 mai 1598).

Quelques jours avant la conclusion de cette paix, Henri IV promulgua le célèbre Édit de Nantes

(13 avril). Quatre places de sûreté furent accordées aux réformés, comme garantie de sa stricte observation. Ces places étaient : La Rochelle, Saumur, Nîmes et Montauban.

Sully demeura à peu près étranger à cet acte; installé à l'Arsenal, il se consacrait tout entier à l'organisation du royaume dont son maître avait enfin achevé la conquête.

Il conduisit avec succès des négociations importantes et délicates, parmi lesquelles il suffira de rappeler ici celles qui amenèrent le divorce du roi et son mariage avec Marie de Médicis (1600); celles qui établirent une entente secrète entre le roi de France et la reine d'Angleterre; Sully, à cette occasion, se rendit à Londres, pour conférer lui-même avec Élisabeth (1601); enfin le traité de paix conclu avec le duc de Savoie (1602).

Sully avait rendu trop de services à son maître, il lui était trop nécessaire encore, pour qu'il n'en eût pas reçu des marques de faveur extraordinaires. La noblesse calviniste, mal récompensée par le roi, ne vit pas sans irritation jalouse les dignités les plus hautes, les charges les plus éminentes, s'accumuler sur une seule tête. Le baron de Rosny, chambellan et conseiller d'État en 1580, devint successivement :

En 1594, secrétaire d'État;

1596, conseiller des finances;

En 1597, grand voyer de France;

1599, surintendant des finances et grand maître de l'artillerie;

1602, marquis de Rosny; — conseiller d'honneur au parlement; — gouverneur de la Bastille; — surintendant des fortifications; — voyer de Paris;

1603, gouverneur du Poitou;

1606, duc de Sully, la terre de ce nom qu'il avait achetée ayant été érigée en duché-pairie.

A tous ces titres il faut joindre encore celui de capitaine héréditaire des eaux et rivières; et celui de maréchal de France, que Louis XIII lui donna en 1634. A cette date, Sully avait depuis longtemps cessé d'occuper ses multiples fonctions. Il abandonna la seule qu'il eût conservée en échange du bâton de maréchal. Henri IV ne put lui conférer le collier du Saint-Esprit, le *très-chrétien* créateur de cet ordre — Henri III — lui ayant imposé le serment qu'il avait lui-même prononcé d'en exclure les hérétiques (1588).

La vaste intelligence de Sully, sa puissante activité, se déployèrent partout avec éclat. Sous son administration, arsenaux, routes, canaux (celui de Briare fut creusé par ses ordres), digues, etc., appelèrent des milliers d'ouvriers à des travaux de toute nature. Le pont Neuf fut achevé, la place Dauphine construite; Paris devint presque une ville nouvelle. Le grand maître de l'artillerie montra une science et une capacité que les militaires admirent encore. Comme surintendant des finances, Sully partage devant la postérité la gloire de Colbert.

Les immenses ressources amassées par ce grand ministre, l'armée organisée par lui, allaient permettre à Henri IV de réaliser les hardis projets qu'il méditait depuis plusieurs années, lorsque l'attentat du 14 mai 1610 rouvrit pour la France l'ère des agitations.

V

Sully était malade; Henri IV avait voulu lui rendre visite à l'Arsenal; son carrosse avait été arrêté par un embarras de voitures dans la rue de la Ferronnerie. Poussé au meurtre par les vieux ligueurs et les jésuites, Ravaillac s'était précipité sur le roi et l'avait tué.

Sully survécut trente ans à la royale victime qui, dit l'orthodoxe père Daniel, n'était pas *catholique dans le cœur*. La mémoire d'Henri IV devint un culte pour lui. Les traits du monarque, enchâssés dans un médaillon, ne se séparèrent plus de la poitrine du fidèle ministre.

Retiré dans ses terres, Sully vieillit absorbé dans ses souvenirs. Il ne quitta jamais ses habits de deuil. Mandé par Louis XIII, il fit de loin en loin quelques apparitions à la cour. Ses vêtements, dont la coupe était depuis longtemps passée de mode, excitaient le sourire des familiers du nouveau roi; mais le vieux Sully glaça la raillerie sur leurs lèvres. « Quand votre père, de glorieuse mémoire, m'appelait à ses conseils, dit-il un jour à Louis XIII, il renvoyait d'abord dans l'antichambre les baladins et les bouffons. »

Sully consacra ses derniers jours à la rédaction de ses *Économies royales*. Sous ce titre, il dictait à ses secrétaires de volumineux mémoires, que l'on trouve intéressants malgré la forme étrange qu'il leur a donnée.

Il mourut dans la 82ᵉ année de son âge, le 21 décembre (d'après Sismondi, le 23) 1641.

Comme à tous les hommes célèbres, on a prêté à Sully des paroles qu'il n'a jamais prononcées. On a prétendu qu'il avait dit à Henri IV, au moment où ce prince se disposait à abjurer : « Il est nécessaire que vous deveniez catholique et que je reste calviniste. »

C'était là une pensée profonde, digne d'un grand homme politique, n'a-t-on pas manqué d'ajouter.

On a fait, au contraire, un médiocre honneur à Sully, en lui attribuant tant d'invraisemblable profondeur, de puéril machiavélisme. Le caractère, l'esprit de Sully méritent une autre sorte de respect et une plus sérieuse considération. L'histoire anecdotique, cette contre-lettre de l'histoire véritable, peut seule, avec sa complaisance habituelle, croire authentique la phrase dont elle charge la mémoire de Sully; assez nombreux sont les agréments des recueils d'*anas, curieux détails, particularités intéressantes,* pour qu'on n'ait pas besoin encore de s'y mettre en peine d'un excès de goût!

Est-ce à dire que les coreligionnaires de Sully ne puissent pas apporter quelques restrictions aux éloges qu'ils lui doivent? Le tout-puissant ministre a-t-il défendu la cause de la Réforme dans la mesure de son pouvoir? Ne lui appartenait-il pas de prendre à la publication de l'Édit de Nantes une part directe, active? Pourquoi, au lieu d'un concours énergique, une abstention que n'expliquent point assez les nécessités d'État?

Ces reproches, il faut le dire, sont fondés. L'ordonnance datée de Nantes ne protégeait pas suffisamment la Réforme. La *tolérance* accordée à la religion qu'il professait était pour Sully même une offense qu'on doit regretter qu'il ait subie.

Parlant de l'Édit de Nantes, Voltaire convient qu'il « n'était au fond que la confirmation des priviléges que les protestants de France avaient obtenus des rois précédents, et qu'Henri le Grand, affermi sur le trône, leur laissa par bonne volonté. »

Il dépendait de Sully que Voltaire eût à écrire *droits* et non pas *priviléges*, et à substituer à *bonne volonté* quelque honnête synonyme de *pudeur*. Il est vrai que l'esprit de justice qui anime si souvent l'auteur du *Siècle de Louis XIV*, n'a pas toujours triomphé de ses préventions contre les protestants. En flétrissant les juges-bourreaux de Calas avec une véhémente indignation qui n'est pas son moindre titre de gloire, l'illustre philosophe ne s'inspira que de son amour pour l'humanité et de son horreur pour l'arbitraire et la violence. L'intérêt religieux l'émouvait beaucoup moins. L'Église chrétienne, sous quelque forme qu'elle fût établie, à Rome, à Genève ou à Augsbourg, ne représentait à ses yeux que le triomphe du fanatisme et de la superstition.

L'âme humaine n'est-elle pas abaissée, si la haine de l'intolérance la conduit au scepticisme ?

IV

CAUMONT LA FORCE

CAUMONT LA FORCE.

CAUMONT LA FORCE

1558 - 1648

I

La persécution a toujours trouvé un de ses plus implacables alliés dans l'ignorance.

Depuis que la vérité a commencé à se faire sur le Grand Roi, on sait à quoi s'en tenir sur la science théologique de ce Louis XIV qui ordonna les *Dragonnades*.

Un témoignage que les plus incrédules ne sauraient refuser d'admettre, celui de Madame de Maintenon, nous fait connaître de quelle manière le prince, qui mettait en coupe réglée ses sujets protestants, comprenait ses devoirs religieux. « La religion, écrivait la veuve Scarron au duc de

Noailles, est peu connue à la cour. Au lieu de s'accommoder à elle, on veut l'accommoder à soi. On en admet toutes les pratiques extérieures, on en néglige l'esprit. Le roi ne manquera jamais à une station, ni à une abstinence; mais il ne comprendra pas qu'il faille s'humilier, se repentir, se couvrir de sac et de cendres, aimer Dieu plutôt que le craindre. »

Le jugement porté par la duchesse d'Orléans, en 1717, sur le roi-soleil, vient encore confirmer l'appréciation de Madame de Maintenon. « C'est pitié que de voir, dit la seconde femme de Monsieur, les gens qui veulent être dévôts et qui croient aveuglément tout ce que les prêtres leur disent. Le feu roi était ainsi; *il ne connaissait pas un mot de la sainte Écriture; on ne la lui avait jamais laissé lire;* il croyait que pourvu qu'il écoutât son confesseur et qu'il marmottât ses patenôtres, il était dans la bonne voie et craignait sincèrement Dieu. »

Saint-Simon, dans ses *Mémoires,* nous édifie à son tour sur l'orthodoxie royale, en nous racontant une scène qui se passa à Versailles la veille du départ de Monsieur pour l'Espagne (1708). Parmi ceux qui devaient être de la suite du voyage, le duc d'Orléans nomma Fontpertuis. A ce nom, Louis XIV prend un air austère :

— Comment! mon neveu, lui dit le roi; Fontpertuis! le fils de cette janséniste. Je ne veux point de cet homme-là avec vous.

— Ma foi, Sire, lui répondit M. le duc d'Orléans, je ne sais pas ce qu'a fait la mère; mais pour le fils, il n'a garde d'être janséniste; et je vous en réponds, car il ne croit pas en Dieu.

— Est-il possible, mon neveu? répliqua le roi en se radoucissant.

— Rien de plus sérieux, Sire, reprit M. le duc d'Orléans; je puis vous en assurer.

— Puisque cela est, dit le roi, il n'y a point de mal, vous pouvez le mener.

Et c'est l'auguste interlocuteur de cette conversation, prise sur le fait, qui condamnait à la mort et aux galères les protestants français pour crime d'*hérésie!*

En remontant plus haut dans l'histoire, au règne d'Henri II, par exemple, on voit que la magie et l'art des sortilèges avaient obtenu de l'ignorance leur droit d'entrée à la cour de France. La honteuse crédulité des uns et la froide impiété des autres a fait dire au vieil historien Jean de Serres : « Deux grands péchés se glissèrent en France sous le règne de ce prince, à savoir, l'athéisme et la magie. »

C'est aux fêtes du couronnement de la reine, Catherine de Médicis, qu'Henri II voulut joindre, dit M. G. de Félice, à la pompe des tournois le spectacle du supplice de quatre luthériens.

4*

La Florentine préludait ainsi aux massacres de la Saint-Barthélemy.

Celle qui, deux années plus tard (1551), poussa Henri II à promulguer l'édit de Châteaubriand, cette reine qui imposait aux suspects d'hérésie l'obligation de présenter un certificat d'orthodoxie catholique, n'avait pour toute religion qu'une foi vive dans le cours des astres, et avait assez de simplicité d'esprit pour croire aux prédictions des astrologues et à la cabaliste des nécromanciens.

II

On a voulu trouver une justification des rigueurs exercées contre les protestants dans la raison politique. On a accusé les réformés de vouloir former un État dans l'État.

Ceux qui invoquent de pareils motifs devraient se rappeler que Néron, faisant brûler les premiers chrétiens, ne donnait pas de meilleures raisons.

La postérité ne les a pas admises. Elle n'admet pas mieux les arguments ingénieux au moyen desquels les panégyristes cherchent à disculper Charles IX et Catherine de Médicis. On sait avec quelle criminelle sollicitude la Florentine, *cette femme, dit Mézeray, dont le plus agréable exer-*

cice était d'attiser la discorde et de s'entretenir comme une salamandre au milieu des flammes, s'était appliquée à dépraver, par tous les abus de la débauche, le caractère faible et irrascible de son fils. En l'éloignant de toute ambition gouvernementale, Catherine avait préparé Charles IX à tous les excès de la puissance. Elle l'amena avec un art infernal à regarder en face le crime et à le commettre. Maurevel portait le titre de *tueur aux gages du roi, d'assassin ordinaire*. Maître René, *l'empoisonneur de la reine*, avait su attirer sur lui de nouvelles faveurs en vendant à Jeanne d'Albret des gants imprégnés d'une foudroyante substance vénéneuse.

La cour s'étourdissait dans les débauches et se préparait par des attentats isolés, mais fréquents, à la perpétration de ce grand crime qui porte nom la Saint-Barthélemy.

Le 24 août 1572 vit se lever ce jour funèbre que le chancelier de l'Hôpital aurait voulu voir rayer de l'histoire : *excidat illa dies ævo*.

La grande cloche de Saint-Germain-l'Auxerrois fut mise en branle entre deux et trois heures du matin. Elle appelait les égorgeurs aux massacres.

Ce glas de sang terrifia Charles IX, dont Catherine de Médicis et le duc d'Anjou combattaient les hésitations. Au premier coup d'arquebuse, il se fit dans la chambre royale un silence morne. Les trois augustes criminels comparaissaient déjà devant le tribunal de la postérité. L'odeur du sang enivra bien vite les coupables, et les cris de *tue! tue!* poussés sous les croisées du Louvre, excitèrent la rage du roi qui, prenant une arquebuse en main, *s'amusait* à tirer sur les malheureux qui cherchaient à s'enfuir sur les rives de la Seine.

La première victime de la Saint-Barthélemy fut l'amiral Coligny. Le duc de Guise, à la tête de trois cents égorgeurs, se charge de la besogne. Accompagné du duc d'Aumale, son oncle, et du chevalier d'Angoulême, il arrive au logis de l'amiral, qui se trouvait à quelques pas de l'église Saint-Germain-l'Auxerrois. Besme entre le premier dans la chambre de l'amiral, et lui plonge son épée dans la poitrine. Ses acolytes achèvent Coligny à coups de poignards et le jettent par la fenêtre aux pieds de Guise qui, pour s'assurer de l'identité de son ennemi, lui essuie le visage avec son mouchoir en disant : « Je le connais, c'est lui-même. »

Quelques instants après cet assassinat, François de Castelnaut, seigneur de La Force par son mariage avec Philippe de Beaupoil, dame de La Force, apprenait le commencement des massacres. Les principaux seigneurs huguenots qui, comme lui, habitaient le faubourg Saint-Germain, étaient immédiatement avertis et entraient en délibération dans la maison du sieur de La Force, située rue de

Seine. Ils voulurent se rendre auprès du roi; mais, arrivés sur le bord du fleuve, ils s'aperçurent que tous les bateaux avaient été retirés sur la rive droite. Chacun prit alors le parti qui lui parut le plus sûr. La Force vint s'enfermer avec ses deux fils, Armand et Jacques Nompar, dans sa maison, dont il fit barricader les portes, *attendant patiemment ce qu'il plairait à Dieu de lui envoyer.*

Les égorgeurs ne tardèrent pas à se présenter. Après s'être emparés de l'argent, de la vaisselle et de tous les objets de valeur qui leur tombèrent sous la main, ils s'apprêtèrent à mettre à mort La Force, ses deux enfants et ses gens. Moyennant la promesse d'une rançon de deux mille écus, les égorgeurs leur garantirent la vie sauve et, après leur avoir fait placer une croix blanche sur leurs chapeaux et leur avoir fait retrousser la manche du bras droit jusqu'à l'épaule, ils les emmenèrent dans leurs rangs. Devant le Louvre, on fut obligé d'enjamber des monceaux de cadavres.

La Force, ses deux fils, Gast, leur valet de chambre, et leur page Lavigerie, furent amenés au logis du capitaine Martin, le chef de la troupe.

La Force avait envoyé à l'Arsenal, chez Madame de Brisambourg, sa belle-sœur, pour se procurer les deux mille écus nécessaires à sa rançon. Il était depuis le dimanche matin dans la demeure du capitaine Martin, et avait réussi pendant deux jours à échapper aux recherches des assassins.

Le mardi soir, quelques heures avant de quitter le foyer de son hôte intéressé, La Force vit entrer Coconas à la tête d'une quarantaine de soldats. Le duc d'Anjou désirait lui parler, et le capitaine venait le prendre avec une escorte pour qu'il ne lui fût fait aucun mal. La Force et ses deux fils suivent Coconas, mais, arrivés à l'extrémité de la rue des Petits-Champs, le cri de *tue! tue!* retentit à ses oreilles. Il meurt bientôt, percé de coups, à côté de son fils Armand qui chancelle et n'a que le temps de s'écrier : Ah! mon Dieu, je suis mort!

Jacques Nompar, au cri poussé par son frère, se laisse tomber près de lui comme si la même main l'avait frappé. Couvert du sang de son père et de son aîné, Jacques passe pour mort et voit les meurtriers s'éloigner. Une parole de pitié, échappée à un passant, lui donne le courage de se révéler. Il montre la tête et lui dit à demi-voix : « Je ne suis pas mort. Par pitié, sauvez-moi la vie. »

L'enfant (Jacques avait alors quatorze ans, étant né le 30 octobre 1558) est couvert d'un mauvais manteau que les égorgeurs n'avaient pas daigné emporter, et amené par le marqueur du jeu de paume de la rue Verdelet, il fut conduit le lendemain matin chez Madame de Brisambourg, qui eut bien de la peine à reconnaître son neveu, vêtu de haillons et coiffé d'un bonnet rouge sur lequel se détachait en blanc une croix. Il n'en fut pas moins bien reçu à l'Arsenal, et caché dans le cabinet même du maréchal de Biron.

Celui-ci, ayant appris que Charles IX avait donné l'ordre de fouiller l'Arsenal pour qu'on s'emparât des protestants qui s'y étaient réfugiés, s'empressa de soustraire le jeune de Caumont à ces recherches criminelles. Jacques Nompar de Caumont La Force, celui que Louis XIII devait appeler plus tard le *capitaine le plus expérimenté et le plus capable de son royaume*, fut caché dans la chambre des filles, sous un monceau de robes et de vertugadins.

Connaissant l'intention du roi, qui voulait s'emparer des châteaux et villes de l'orphelin, Madame de Brisambourg ne jugea pas prudent de laisser plus longtemps son neveu à Paris. Elle l'envoya, sous la conduite du sieur de Fraische, en Guienne, où son oncle Geoffroy de Caumont le reçut à bras ouvert dans son château de Castelnaut des Mirandes.

Jacques ne jouit pas longtemps de l'amitié de son tuteur. Geoffroy de Caumont qui, en 1562, avait abandonné les bénéfices des abbayes de Clairac et d'Uzerche pour se convertir au protestantisme, mourut quelque temps après, dans les premiers mois de l'année 1574.

III

Catherine de Médicis et Charles IX s'étaient trompés en croyant le parti protestant anéanti parce qu'ils avaient fait tuer les principaux seigneurs calvinistes. La Réforme avait émancipé la conscience individuelle, et les plus petits savaient, comme le dit Montluc, *que les rois ne devaient avoir aucune puissance que celle qui plairait au peuple; que la noblesse était de même pâte qu'eux*.

Affranchis de l'ancien principe de vasselage, forts des nouvelles idées d'indépendance qui préparaient l'avénement du droit moderne, les calvinistes, exaspérés par les massacres de la Saint-Barthélemy, organisèrent partout la résistance.

Ils se mirent en garde contre les assassins et les projets de la cour. Les Cévennes, le Rouergue, le Vivarais, le Dauphiné se retranchèrent derrière leurs montagnes. Cinquante villes ou bourgades du Midi, Aubenas, Anduze, Milhau, Sommières, Nîmes, Privas fermèrent leurs portes et résistèrent à toutes les sommations royales.

Sancerre et la Rochelle supportèrent des siéges mémorables. L'opiniâtreté de ces deux villes finit par lasser le roi qui, par un édit du 11 août 1573, autorisa l'exercice public du protestantisme dans les trois villes de la Rochelle, Montauban et Nîmes.

Cette concession d'une cour qui n'inspirait à ses ennemis que défiance et dégoût, pleine qu'elle était d'assassins à gages, d'empoisonneurs, d'astrologues et de femmes perdues, cette concession ne calma pas les adeptes de la *religion prétendue réformée*, ainsi qu'on nommait pour la première fois le calvinisme dans le dernier édit.

Quelques jours avant la mort de Charles IX, les *politiques* ou *mal-contents* s'unirent au parti protestant, et leur union amena la conséquence des horreurs de la Saint-Barthélemy, la formation d'un *État dans l'État*.

A côté du parti politique-calviniste se dressait, contre Henri III, la *Ligue* ou *Sainte-Union*, dont Henri de Guise était l'âme.

La cour, entre ces deux partis, cherchait à ruiner chacun des deux partis par l'autre, et le roi s'en allait répétant souvent : « Je me vengerai de mes ennemis par mes ennemis. »

Le pape, chef suprême de la Ligue, voyant qu'Henri III mettait trop de lenteur à écraser le parti calviniste et voulant donner la couronne de France au cardinal de Bourbon, oncle du duc de Guise, au détriment du véritable successeur au trône, le fils de Jeanne d'Albret, le pape Sixte-

Quint fulmina une excommunication par laquelle les princes de Bourbon, Henri de Bourbon et le prince de Condé, étaient déchus de toutes leurs principautés, eux et leurs héritiers à tout jamais.

Henri le Béarnais répondit à cette excommunication en faisant afficher à Rome la protestation suivante : « Henri, par la grâce Dieu, roi de Navarre, prince souverain de Béarn, premier pair et prince de France, s'oppose à la déclaration et excommunication de Sixte cinquième, soi-disant pape de Rome, la maintient fausse et en appelle comme d'abus à la cour des pairs de France. Et en ce qui touche le crime d'hérésie, duquel il est faussement accusé par la déclaration, il dit et soutient que Monsieur Sixte, soi-disant pape, en a faussement et malicieusement menti, et que lui-même est hérétique, ce qu'il fera prouver en plein concile libre et légitimement assemblé. »

IV

Le prince de Condé, Lesdiguières, le roi de Navarre et le duc de Montmorency s'étaient mis à la tête des calvinistes et des *mal-contents* du Languedoc.

Henri le Béarnais occupa la Guienne où se trouvait alors le jeune Jacques Caumont La Force, qui venait de perdre son oncle.

Brûlant de venger la mort de son père et de son frère, La Force courut se ranger sous les drapeaux d'Henri pour lequel il lève une compagnie de chevau-légers. Il avait vingt-deux ans lorsqu'il assista, sous les ordres du Béarnais, au siége de Cahors. Henri le nomma gouverneur de Sainte-Foy et de Bergerac. Il se distingua à la défense de Marans dont il força les catholiques à lever le siége. Sa belle conduite au combat d'Anthogni, où il tailla en pièces les chevau-légers du sieur de Hautbois, son intrépidité à la bataille de Coutras lui valurent le titre de gouverneur de la Basse-Guyenne.

Henri III, réduit à s'enfermer dans la ville de Tours, instruit par la journée des Barricades et exécré par les catholiques depuis la mort du duc de Guise qu'il avait fait assassiner, se rapprocha du parti protestant.

Le Béarnais et le roi de France firent alliance dans une entrevue qui eut lieu au château de Plessis-lez-Tours, et, après avoir battu de concert les ligeurs en plusieurs rencontres, se trouvèrent à la tête d'une armée de quarante-deux mille hommes. Ils marchèrent ensemble sur Paris où tenait le duc de Mayenne avec huit mille hommes.

Pendant cette campagne, La Force avait rejoint à

Poissy les armées royales et avait couvert avec un corps de cavalerie le siége de Pontoise.

Après le meurtre d'Henri III par Jacques Clément, Henri IV, forcé par la défection des chefs catholiques à se replier sur la Normandie, comptait au nombre de ses plus fidèles compagnons, le duc de Bouillon, François de Châtillon, Claude de la Tremouille, Agrippa d'Aubigné, La Noue Rosny, Mornay et notre héros, Jacques Caumont La Force.

Henri IV dut conquérir le trône de France et livrer plusieurs combats pour y arriver. A Arques, Caumont La Force eut trois chevaux tués et deux blessés sous lui. A la tête de cent vingt cavaliers, il chargea et culbuta deux mille lances ennemies. A la bataille d'Ivry et au siége de Paris, ses exploits lui firent donner le brevet de capitaine de cent hommes d'armes.

Après le siége de Rouen, en 1592, Henri IV le nomma capitaine de ses gardes, et l'année suivante gouverneur du Béarn et vice-roi de Navarre. C'est en cette dernière qualité qu'il eut à déployer toute son habileté pour faire exécuter l'édit de Nantes dans les pays pyrénéens.

Dévoué serviteur de son roi, Caumont La Force assista au sacre d'Henri IV à Chartres, et à son entrée à Paris. Ce fut lui qui présenta au Béarnais Théodore de Bèze, qui intercéda en faveur du maréchal de Biron, qui réconcilia le roi avec le duc de Rohan.

La confiance d'Henri IV en Jacques Nompar de Caumont La Force était grande. Méditant une guerre contre l'Espagne, ce fut La Force qui fut chargé de ménager à la France l'aide des Morisques prêts à se soulever. Il devait se mettre à la tête de l'armée qui envahirait l'Espagne et la commander en qualité de maréchal de France. La veille du jour où il devait prêter le serment exigé par sa nouvelle dignité, La Force recevait dans ses bras Henri IV frappé à mort par le couteau de Ravaillac.

V

Henri IV mort, les protestants sentirent se réveiller toutes leurs inquiétudes. L'ignorance, le bigotisme et la foi aux astrologues, que Marie de Médicis apportait sur le trône en qualité de régente, étaient des vices de gouvernement bien faits pour exciter leurs méfiances. Louis XIII n'avait pas encore neuf ans.

La plupart des calvinistes s'empressèrent de quitter Paris. Caumont La Force se rendit dans son gouvernement du Béarn, chargé de rassurer les Églises protestantes.

Pour maintenir la sûreté du calvinisme que ne

protégeait plus la vie d'Henri le Grand, ainsi que s'exprime Henri de Rohan, une assemblée fut convoquée, le 27 mai 1611, à Saumur. Les gentilshommes du parti, vingt pasteurs, seize députés du tiers état, quatre délégués de la Rochelle, et les députés du Béarn furent convoqués. Lesdiguières, les ducs de Bouillon, de Sully, de Rohan, Duplessis-Mornay, Caumont La Force furent appelés par lettres spéciales. Mornay présida pendant quatre mois l'assemblée dans laquelle fut renouvelé le serment d'union, qui consistait à jurer obéissance et fidélité au roi, *le souverain empire de Dieu demeurant toujours en son entier*.

Caumont La Force déploya dans l'assemblée de Saumur un esprit de conciliation qui, le plaçant médiateur entre les délégués protestants et la reine, finit par aplanir bien des difficultés. L'entente ne put être cependant établie parfaitement entre les membres de l'assemblée, et ce ne fut qu'un an après qu'un acte solennel de réconciliation fut signé au synode de Privas par les maréchaux de Bouillon et de Lesdiguières, les ducs de Sully, de Rohan, de Soubise, le marquis de La Force et Duplessis-Mornay.

Dans l'assemblée de Sainte-Foy (1615), Caumont La Force s'opposa à un armement immédiat du parti protestant en faveur de qui le prince de Condé venait de faire une levée de boucliers ridicule, et obtint qu'on restât sur la défensive.

Le projet, appuyé par le pape, d'un double mariage du jeune Louis XIII avec une infante d'Espagne, et du prince des Asturies avec une fille de France, avait réveillé les craintes des protestants. Les prédicateurs catholiques annonçaient publiquement qu'une des conditions de cette double union était l'extinction du calvinisme, de l'hérésie.

Caumont La Force, aidé de Rohan et de Boisse Pardaillan, se jeta sur le passage de la cour, qui se rendait à Bordeaux, dans le but de se saisir de la personne du roi et d'empêcher les mariages espagnols. Son plan dénoncé avorta. Il n'eut que le temps de retourner à Pau où l'agitation commençait à fermenter à propos de l'édit de main-levée. Par cet édit, Louis XIII enjoignait aux Bas-Navarrais et aux Béarnais de restituer aux prêtres tous les biens ecclésiastiques affectés depuis 1569 au service des temples, des écoles, des hôpitaux et des pauvres.

D'énergiques représentations, en tête desquelles on trouve le nom de La Force, furent envoyées au roi qui, pour toute réponse, se mit en route à la tête d'une armée et entra à Pau le 15 octobre 1620. De cruelles violences furent exercées par les troupes royales. « Les soldats, dit Élie Benoît, rompaient les portes des temples, démolissaient les murailles, déchiraient les livres et les tableaux où les commandements de Dieu étaient écrits. Ils volaient et frappaient à coups de bâton et d'épée les paysans qui venaient au marché de Pau, présupposant qu'ils étaient tous huguenots..... Dans le reste du pays, les soldats vivaient à discrétion, publiaient que le roi leur avait donné le pillage des huguenots, chassaient les ministres, outrageaient leurs femmes, et menaient hommes et femmes à la messe à coups de bâton. »

La constitution religieuse fut complétement modifiée, au mépris des priviléges locaux; le parlement de Pau fut réorganisé, et le duc Caumont La Force ne conserva plus que le nom de gouverneur. Celui qui le fut de fait et qui devait avoir l'œil sur toutes ses démarches fut Poyanne, le nouveau gouverneur de Navarreins.

La cause des Béarnais fut prise en mains par tous les protestants. Une assemblée convoquée à la Rochelle chercha à organiser la résistance, à constituer l'établissement politique du protestantisme français.

La Force fit une dernière tentative de conciliation et écrivit une lettre au roi en faveur de ses coreligionnaires. Louis XIII lui envoya l'ordre de désarmer dans le Béarn et le fit chasser de son gouvernement par d'Épernon.

Louis XIII ayant commencé les hostilités, Caumont La Force chercha à se maintenir en Guyenne contre le duc de Mayenne. Il ne put empêcher ce dernier de s'emparer de Nérac et de Clairac. Forcés de se retirer, La Force et ses deux fils se jetèrent dans Montauban, ville devant laquelle l'armée royale vint mettre le siége le 18 août 1621. Les franchises municipales dont jouissait la cité protestante avaient inspiré à ses habitants un grand esprit d'indépendance. La garnison se composait de 4,500 hommes de troupes régulières et d'un grand nombre de milices bourgeoises et de volontaires. La ville était pourvue de vivres pour six mois et les remparts étaient garnis de 3 canons de gros calibre, 2 coulevrines, 4 moyennes et 30 pièces de campagne.

C'est avec ces forces inférieures que Caumont La Force, à qui la direction générale de la défense fut confiée, résista pendant deux mois et demi à l'armée royale, composée de 20,000 hommes et commandée par le roi en personne. Louis XIII, découragé, *les larmes aux yeux*, fut forcé de lever le siége le 2 novembre.

En sortant victorieux de Montauban, Jacques Nompar de Caumont La Force se rendit en Guyenne où il prit le commandement des troupes. Il tint la campagne pendant six mois, tentant avec un courage infatigable tout ce que l'expérience militaire peut inventer pour suppléer au nombre par la rapidité des mouvements. Enfermé dans Sainte-

Foy, condamné à mort par le parlement de Bordeaux, découragé par la nouvelle de la capitulation de Tonneins que défendit héroïquement son fils Monpouillan, La Force se trouva trop heureux d'accepter, en cette extrémité, la paix que lui fit offrir le roi. Il s'engagea à livrer à Louis XIII Sainte-Foy et la Guyenne qu'il ne pouvait plus défendre, moyennant quoi, Sa Majesté lui accorda le bâton de maréchal, 200,000 écus et le rétablissement dans leurs emplois de ses compagnons d'armes.

La résistance de Montpellier, où commandait le duc de Rohan, engagea le roi à traiter d'une paix générale. L'Édit de Nantes fut confirmé; deux places de sûreté, Montauban et la Rochelle, furent accordées aux protestants; les réunions des consistoires, colloques et synodes, pour les affaires purement ecclésiastiques furent autorisées. Louis XIII ne demanda que la démolition des fortifications de Montpellier et le droit exclusif de permettre les assemblées politiques.

Après le traité de Montpellier, La Force se retira en Normandie, où il vécut trois ans dans son château de La Boulage. En 1625, il fut chargé par Louis XIII de fortifier Calais et de mettre la Picardie en état de défense. Cinq ans plus tard, Richelieu lui donne le commandement de l'armée destinée à agir en Piémont. La Force prend Pignerol, Saluces, les châteaux de Villefranche, de

Pancalier, de Brezol; bat les Espagnols au pont de Carignan et débloque Casal.

Après cette heureuse expédition, huit jours de campagne lui suffisent pour contraindre le duc de Lorraine à traiter. Sa campagne dans le Languedoc, à la poursuite du duc d'Orléans, est non moins remarquable par la promptitude des coups portés aux ennemis du roi.

Du fond du Languedoc La Force revient en Lorraine, dont le duc avait violé ses engagements. Il prend Épinal et Nancy, et force le duc Charles à se mettre à la discrétion de Louis XIII. Le comté de Montbéliard est menacé par les Espagnols; Caumont La Force accourt et culbute l'ennemi au delà du Rhin. Dans le Luxembourg, il occupe Coblentz, Magdebourg et se rend maître de Haguenau, prend Saverne et investit Lunéville. De là il s'empare du fort de Bitche, où pour la première fois on fait l'essai des bombes; force la place de La Mothe à se rendre après cinquante-deux jours de tranchée; franchit le Rhin, fait lever le siége du château de Heidelberg, assiége Spire et s'empare du château de Magdebourg. L'année suivante (1635), quoique brisé par l'âge et les fatigues, désolé de la mort de sa femme et de son petit-fils le baron de Boisse, La Force refait une nouvelle campagne sur le Rhin et chasse l'ennemi de la Lorraine entière.

Tous ces services rendus à la couronne valurent

à Caumont La Force le titre de duc et pair du royaume.

Le vieux général termina ses soixante ans de guerre par la défaite de l'armée de Piccolomini qu'il battit à Zouafques, le 8 juillet 1638, et la prise de Renty qui capitula au bout de neuf jours.

A la suite de ces derniers succès, le vieux duc, âgé de quatre-vingt-un ans, se retira dans son château de La Force où il s'occupa de rédiger ses Mémoires. Il vécut encore treize ans, agité par les émotions guerrières que ses fils et ses petits-fils, engagés dans le parti de Condé contre la cour, lui donnaient quotidiennement.

Jacques Nompar de Caumont La Force mourut le 10 mai 1652, à l'âge de quatre-vingt-quatorze ans, entre les bras du ministre protestant Sauvage.

V

DUQUESNE

DUQUESNE.

DUQUESNE

1610-1688

I

Ce n'est qu'au dix-septième siècle que s'ouvre véritablement l'histoire de la marine française. La Rochelle, cette ville si célèbre dans les annales protestantes, fut le berceau de nos armées navales; pour la réduire une dernière fois, le cardinal de Richelieu devint lui-même marin. Longtemps avant cette époque le titre de grand-amiral de France existait, mais il ne représentait qu'une haute dignité. Celui qui s'en trouvait revêtu était le plus souvent un homme de cour; les capitaines choisissaient leurs champs de bataille loin de l'Océan ou de la Méditerranée. La France du moyen âge ne combattit sur mer qu'à l'Écluse, en 1340, et le souvenir du désastre qui inaugura l'avénement des Valois est à peu près le seul que rappelle l'histoire. A cette époque, l'empire des mers appartenait aux flottes de Gênes et de Pise, à celles de Venise et, un peu plus tard, d'Amsterdam. Les monarques qui régnaient à Paris ne possédaient pas alors les rivages français. La Guyenne, l'Armorique, la Normandie, ne reconnaissaient que les pavillons des ducs de Bretagne et des rois d'Angleterre. La Provence et le Languedoc saluaient les couleurs aragonaises ou angevines. Si quelquefois une armée française s'embarquait pour une expédition lointaine, elle était transportée par des vaisseaux mercenaires.

Les guerres de Louis XIV, en nous donnant pour adversaires deux puissances maritimes : la Hollande et l'Angleterre, firent naître nos grands hommes de mer. Abraham Duquesne est à leur tête par la date de sa naissance comme par son génie.

L'Église réformée revendique avec fierté la gloire d'avoir compté au nombre de ses membres les plus purs cet ancêtre immortel de nos marins. De nos jours, un honneur aussi précieux lui était réservé ; personne n'ignore que l'illustre amiral Charles Baudin, mort en 1854, occupait, dans les conseils supérieurs du culte protestant, la place la plus éminente. Plus heureux que Duquesne, Baudin a pu obtenir la récompense suprême de ses longs et éclatants services; parvenu au terme de sa glorieuse carrière, le vainqueur de Ruyter fut à peine à l'abri des insultes de Louis XIV. La seule grâce qu'il reçut du *grand roi* l'humilia; la révocation de l'Édit de Nantes épargna Duquesne. Il lui fut permis de ne pas sortir de France et de mourir sur cette terre dont pendant quarante ans il avait fait respecter le drapeau !

Quand le vieillard eut expiré, sa veuve, privée de son héritage, ne parvint à se le faire restituer en partie qu'au prix d'une abjuration. Le temps n'était plus où l'auteur du *Tartuffe* écrivait :

Nous vivons sous un prince ennemi de la fraude.

On vivait alors sous le pénitent du jésuite La Chaise. Tout se prosternait devant la marquise de Maintenon. Il est vrai que les victoires de Duquesne n'étaient plus qu'un souvenir: Marlborough vengeait Ruyter.

« Madame de Maintenon mettait tout Saint-Cyr en prières, dit J.-B. Say dans ses *Mélanges de morale,* et l'on perdait la bataille. »

II

Malgré les prétentions rivales de plusieurs villes du littoral normand, Dieppe est la patrie d'Abraham Duquesne (ou Duquenne, ainsi que le nom s'écrivait au commencement du dix-septième siècle). Pour mieux établir leurs droits qui semblent incontestables, les Dieppois ont élevé, en 1844, une statue au plus illustre de leurs concitoyens.

Né en 1608 selon les uns, selon les autres et plus probablement en 1610, Abraham Duquesne appartenait à une famille où le culte réformé était en honneur depuis longtemps. Son père, intrépide marin et habile capitaine, l'associa de bonne heure à sa vie aventureuse. L'intelligence et la hardiesse du jeune homme firent bientôt la joie et l'orgueil de son maître.

Abraham, à peine âgé de dix-sept ans, fut chargé du commandement d'un vaisseau. L'expédition dont il fit partie chassa les Espagnols des parages de Lérins. Chose à peine croyable, grâce aux mesures prises et au courage déployé par un enfant, le succès d'une tentative hasardeuse fut aussi complet que rapide. Duquesne continua, sous les yeux de son père, le rude apprentissage du métier de marin.

Il avait trente et un ans lorsqu'il alla de nouveau combattre la flotte espagnole réunie dans les eaux de Tarragone (1641). Deux ans plus tard, il se rencontrait encore avec les mêmes ennemis. Un combat acharné se livra près du cap de Gata. Duquesne y reçut une blessure. Sa bravoure et ses talents attachèrent, dès cette époque, la célébrité à son nom (1643).

Louis XIV venait de monter sur le trône, sous la régence de sa mère Anne d'Autriche. En proie aux dissensions intérieures, tout entière aux intrigues et aux rivalités, la France, délaissant les grandes entreprises qu'elle pouvait accomplir avec sa marine naissante et déjà redoutable, ralluma le feu de la guerre civile. Duquesne ne pouvait être un des héros de la Fronde. Il partit pour la Suède ; sa réputation l'y avait précédé. Nommé vice-amiral par le gouvernement de Stockholm, il justifia pleinement la confiance des Suédois. La guerre avait éclaté entre les États scandinaves. Le roi Christian IV commandait en personne la flotte danoise. L'escadre placée sous les ordres de Duquesne présenta la bataille au roi Christian devant Gothembourg ; les Danois montrèrent une valeur inutile : ils furent complétement défaits. Duquesne ramena à Stockholm sa flotte victorieuse. Il y reçut du peuple une enthousiaste ovation, et des États du royaume des remercîments publiquement délibérés.

Les Suédois essayèrent de toutes les séductions pour retenir Duquesne parmi eux. Ils lui représentèrent qu'un grand nombre de ses compatriotes et coreligionnaires, dont beaucoup étaient distingués par leur naissance ou par leur génie, avaient fixé leur résidence à Stockholm ; qu'ils y vivaient en paix et honorés de tous, tandis qu'en France l'ère des persécutions pouvait recommencer d'un moment à l'autre. La France rappelait Duquesne ; la voix de la patrie fut toute-puissante sur le loyal marin. Il partit (1647).

Anne d'Autriche avait besoin de Duquesne. Bordeaux s'était révolté contre le roi ou plutôt contre elle et le cardinal Mazarin. Les Anglais, profitant avec leur habileté ordinaire de ces troubles, s'étaient réunis aux Espagnols. Duquesne fit face à tous les dangers. Les désordres qui régnaient dans l'administration du royaume bouleversé par la fureur des partis ne permettaient pas à la régente d'équiper une flotte. L'argent manquait. Le patriotisme de Duquesne en trouva. Il créa la flotte et l'arma à ses frais. Puis, se portant à la rencontre des Anglo-Espagnols, il leur fit éprouver un échec décisif (1650). Bordeaux rentra sous l'autorité royale ; Anne d'Autriche nomma Duquesne chef d'escadre.

De longues années s'écoulèrent avant que Louis XIV se doutât que la France pouvait partager le sceptre de l'Océan avec ses voisins les Anglais et les Hollandais. Le jeune roi laissa Duquesne dans un repos que l'activité de ce dernier ne put supporter. Duquesne redevint armateur; le commerce maritime, sous son impulsion vigoureuse, prit un vaste développement. Génie organisateur, plein de puissance et d'audace, Duquesne nourrissait des projets dont Colbert pressait vivement la réalisation. Tous les deux en attendaient pour leur patrie d'immenses résultats. Quelles ressources l'initiative du grand armateur, soutenue par l'influence du grand ministre, ne pouvait-elle pas créer? Les regards de Duquesne, traversant l'Océan, s'arrêtaient sur le Nouveau-Monde, avides de pacifiques et fécondes conquêtes. Mais l'insatiable ambition de Louis XIV poursuivait une gloire douteuse et des triomphes aussi incertains que stériles. Le monarque dont la fierté hollandaise avait blessé l'orgueil éclata en menaces. Peu éblouis des magnificences nouvelles de Versailles, les citoyens d'Amsterdam reçurent avec dédain cette explosion de la colère royale. La guerre s'alluma.

Guerre injustement provoquée et qui, après les plus brillantes victoires, devait se terminer par des défaites accablantes.

III

Au stathouder Guillaume d'Orange, aussi grand capitaine que son aïeul le *Taciturne,* Louis XIV pouvait opposer Turenne et Luxembourg, et Vauban à Cohorn, mais il restait du côté des Bataves un homme dont la renommée éclipsait celle de Van Tromp, il restait l'amiral Ruyter, le plus grand marin qu'aient vu naître les Sept-Provinces. Ruyter, accouru précipitamment du Zuyderzée, avait franchi le détroit de Gibraltar, et, à la tête des flottes combinées d'Espagne et de Hollande, il attendait dans une confiance formidable l'escadre dirigée contre lui par les ordres de Louis XIV.

L'escadre parut bientôt. Son chef, le maréchal de Vivonne, était enfermé dans Messine que les vaisseaux de Ruyter menaçaient, mais elle avait à bord, avec le titre de lieutenant général des armées navales, l'armateur dieppois Abraham Duquesne.

Loin de l'intimider, le dangereux honneur d'attaquer Ruyter exalte Duquesne. Le 8 janvier 1676, un premier choc a lieu. Duquesne s'élève à la hauteur de son rival; il le fait reculer. Le 22 avril, il livre près d'Agosta une seconde bataille. Cette fois la mêlée fut terrible, l'effort des combattants, gigantesque; Ruyter et Duquesne, dignes l'un de l'autre. Couvert de blessures, le vieil amiral hollandais se retira enfin. Il était vaincu, ses pertes étaient immenses. Il ne survécut que peu de jours à ses blessures et à sa douleur.

Les Hollandais gravèrent sur son tombeau ce distique célèbre qui contient toute sa vie :

> Terruit Hispanos Ruyter ; ter terruit Anglos ;
> Ter ruit in Gallos ; territus ipse ruit.

Duquesne fondit une troisième fois sur les flottes ennemies privées de leur glorieux amiral, signalant ce dernier exploit par des prodiges d'audace et de bravoure, brûlant plusieurs vaisseaux, coulant à fond ceux-ci, capturant ceux-là.

Cette campagne navale porta à la puissance hollandaise le coup le plus funeste. Elle immortalisa Duquesne. « Alors, dit Voltaire, les Français qui, joints avec les Anglais, n'avaient pu battre les flottes de Hollande, l'emportèrent seuls sur les Hollandais et les Espagnols réunis. » Il est impossible d'adresser à Duquesne un plus magnifique éloge.

Après quelques années de repos, Duquesne reparaît à son bord. La victoire demeure fidèle au héros septuagénaire. Elle le suit partout. Il fait une guerre impitoyable aux pirates ; non content d'anéantir leurs brigandages, il va les chercher jusque dans leurs repaires. Il met en fuite à Chio les corsaires de Tripoli; s'élançant ensuite sur Alger, il bombarde deux fois cette capitale de la piraterie barbaresque (1682-1683); il n'arrête le feu de ses canons que lorsque le dey lui a rendu tous les chrétiens qu'il retenait en esclavage et payé une somme énorme. Ce n'est pas encore assez. Duquesne veut tirer vengeance de la mauvaise foi des Génois qui ont fait passer aux Algériens des bombes et de la poudre et ont construit des galères pour l'Espagne.

Le 17 mars 1684, Gênes la Superbe, la ville aux palais de marbre, reçoit une pluie de feu. Une partie des monuments qui font son orgueil est détruite; 4,000 hommes débarquent et livrent aux flammes le faubourg de Saint-Pierre d'Arena.

Le chef de la république génoise, le doge Doria, fut contraint de souscrire aux sévères conditions que lui dicta Duquesne. Il s'engagea à partir pour Versailles, où il irait en personne implorer la clémence de Louis XIV. Quatre sénateurs désignés par le sort devaient lui faire cortége dans cette ambassade expiatoire. A ce prix, Duquesne consentit à s'éloigner. Au mois d'avril 1684, Doria parut devant le roi de France. Un courtisan, supposant le doge ébloui par les splendeurs de Versailles, lui demanda ce qui l'étonnait le plus parmi tant de merveilles : « *C'est de m'y voir !* » répondit le fier patricien.

Cependant Duquesne touchait à l'extrême vieillesse. Son nom excitait la crainte ; sa gloire, l'admiration de l'Europe entière. Nulle récompense, si haute qu'elle fût, ne pouvait acquitter Louis XIV envers le vainqueur de Ruyter. Duquesne avait prodigué à la France tous les dévouements de son patriotisme, toutes les ressources de son génie. Pendant un demi-siècle, il avait enchaîné la victoire aux mâts de ses vaisseaux. Le grand roi lui accorda le titre de marquis, et le nomma lieutenant général de ses armées navales. Ce fut tout (1). « Je regrette, Monsieur le marquis, lui dit sa reconnaissante Majesté, que vous ne m'obligiez pas à faire quelque chose de plus pour un homme de votre mérite. » Duquesne comprit que son attachement à la religion réformée mettait aux faveurs royales une injuste restriction, mais il était ferme dans sa croyance. On connaît la belle réponse qu'il fit au roi : « Quand j'ai combattu les ennemis de Votre Majesté, je ne me suis jamais demandé

---

[1] La terre de Du Bouchet, acquise par Duquesne, fut érigée en marquisat sous le nom de Duquesne, en février 1682, à la condition toutefois, disent MM. Haag, qu'il n'y serait fait aucun exercice de la *religion prétendue réformée*.

quelle était leur religion. Il m'a suffi de savoir que vous m'ordonniez de les attaquer. »

IV

Louis XIV venait d'atteindre ces hauteurs où les têtes couronnées rencontrent le vertige. Le parlement, cette âme de l'État qu'il avait asservi, l'âme avec le corps, le saluait du nom de *Grand*. L'Europe, depuis Lisbonne jusqu'à Moscou, l'appelait *le Grand Roi*. Le souverain pontife, lui-même, avait oublié les hautaines traditions de ses prédécesseurs. Avant le doge de Gênes, le légat Chigi avait porté au monarque irrité les excuses du pape. Le clergé de France, ému de la toute-puissance du prince, essaya vainement d'entrer en révolte. Des *remontrances respectueuses*, il passa aux suppliques mortifiantes ; toutes les voix se taisaient, excepté celles des adulateurs. Quels que fussent les caprices du maître, ils ne trouvaient qu'obéissance empressée. « On se précipitait avec ivresse au-devant de la servitude, » comme au temps des empereurs dont parle Tacite.

Les calvinistes, en restant fidèles à leur foi, commettaient le crime irrémissible de penser autrement que le despote. Louis XIV pouvait-il errer, même en matière de religion ? Privés peu à peu des droits dont Henri IV, Richelieu et Louis XIV lui-même leur avaient solennellement garanti l'exercice, les réformés, au moment de la mort de Colbert, leur dernier protecteur (6 septembre 1683), n'avaient plus que la liberté de renfermer leur croyance dans un asile qu'ils devaient croire inviolable, dans leur conscience. Louvois ordonna aux dragons du roi de forcer cet asile. Les convertisseurs bottés parcoururent la France. Les Foucault, les Baville, accomplirent leur œuvre avec un zèle dont l'histoire indignée fait à leur mémoire une flétrissure ineffaçable. La roue et le gibet, effroyables instruments de persuasion, succédaient aux moyens misérables de la *Caisse des conversions*. Quand le vieux chancelier Michel Le Tellier, le père de l'impitoyable Louvois, eut signé l'édit qui révoquait celui de Nantes, il balbutia, dans un élan d'enthousiasme sénile, les premiers mots du Cantique de Siméon. Dix jours après, la mort emportait le vieillard (30 octobre 1685), et l'acte révocatoire devenait un stigmate que l'oraison funèbre prononcée par Bossuet n'a pas fait disparaître !

Les soixante-quinze ans de Duquesne, ses infirmités, valurent à ce grand homme une *faveur* que sa seule renommée eût été impuissante à obtenir : Louis XIV lui permit de mourir en France sans devenir apostat.

Duquesne languit trois ans dans la tristesse et la

solitude. Il trouva enfin, le 2 février 1688, par delà la tombe, un Maître plus doux et une patrie où règne la liberté immortelle, où réside la justice immanente.

Mais sur la terre, sa mémoire, son corps même, subirent de nouveaux outrages. Sa famille fut déshéritée, sa dépouille mortelle fut refusée à ses enfants. Un de ses neveux alla réaliser sur des plages lointaines et presque inhabitées quelques-uns des projets conçus par le grand Duquesne. Il fonda au sud de l'Afrique et rendit florissante une colonie dont les Anglais n'eurent plus tard qu'à reculer les limites pour en faire leurs établissements du cap de Bonne-Espérance.

La veuve de Duquesne abjura. Une partie de la succession de son mari paya cette renonciation au culte proscrit. Ce triste exemple fut suivi dans la suite par les descendants du vieil Abraham.

De nos jours, un contre-amiral a porté avec honneur ce nom impérissable de Duquesne. Cet officier général est mort en 1856, aux Antilles, dont il commandait la station navale.

VI

DENIS PAPIN

DENIS PAPIN

DENIS PAPIN

16 -1714

Les découvertes ne sont jamais l'effet du hasard. La Providence n'agit pas en aveugle. Elle a donné à la civilisation des lois mathématiques, pour ainsi dire, et toutes les révélations arrivent à l'heure fixée par elle.

Le philosophe qui étudie la marche toujours progressive de l'humanité se rend bien vite compte de la succession logique de ces puissantes innovations qui donnent à un siècle l'impulsion vivifiante qui le caractérise.

Lorsque le moyen âge, cette époque d'obscurantisme politique et religieux, fut condamné au tribunal de l'esprit initiateur, on sentit le vieux monde tressaillir. L'idée nouvelle éclata par un coup de tonnerre. Le moine Bacon, en trouvant la composition de la poudre à canon, portait le premier coup à la féodalité, à l'abus de la force physique. Quelques années plus tard, une batterie d'artillerie valait mieux qu'une armée de ces preux pour qui le peuple n'était qu'un ramassis d'animaux corvéables.

Un progrès se complète par un autre. Le serf émancipé doit arriver à la liberté en élargissant le cercle de ses idées, en apprenant ses droits, en étudiant ses devoirs. Dans quels livres apprendra-t-il, étudiera-t-il? Ira-t-il chercher la science dans ces manuscrits que la féodalité monacale détient dans ses couvents? Comment traduira-t-il la pensée qui lui vient et qui peut être utile à ses frères?

Avant que le papyrus ait passé dans une centaine de mains, il sera mort, son écrit déchiré à tous les vents, son idée anéantie.

Allons! il faut que l'œuvre se fasse; il est temps que la liberté entre dans le domaine de la pensée et de la science. Les sages de l'antiquité, échappés au sommeil léthargique qui les immobilisait dans les monastères, viennent apprendre aux philosophes nouveaux la manière de penser. Il est nécessaire que ceux-ci jettent leur parole aux quatre coins du monde; ils demandent un instrument qui fasse marcher l'idée à pas de géant. Cet instrument, Gutenberg le leur donne et les nations écoutent la voix qui leur crie : *Bienheureux sont ceux qui sont affamés et altérés de justice, car ils seront rassasiés* (Matth. V, 4).

Le travail de régénération se poursuit. La découverte de l'imprimerie vient en aide à la renaissance des lettres. Le vieux monde se transforme et Christophe Colomb en découvre un nouveau. Une activité prodigieuse, qui ne connaît ni crainte ni fatigue, se développe. En soixante-dix ans (de 1450 à 1520) plus de trois mille écrits propagent un immense besoin d'investigation et de renouvellement.

L'œuvre se poursuit indomptable, irrésistible.

Luther proclame la liberté d'examen, la Révolution française apprend au monde l'égalité devant la loi. Philosophes, poëtes, politiques et savants, tous prêchent l'ère de fraternité.

Mais les peuples sont parqués dans les limites que leur ont tracées leurs diplomates. Les frontières sont des digues qui compriment l'expansion universelle. Le progrès armé parcourt l'Europe à la suite de Napoléon, et ses armées frayent le passage à la liberté. La civilisation vivifie et met les peuples en communion d'idées fraternelles. La famille humaine ne doit plus faire qu'une famille. Il faut resserrer ses liens, multiplier ses rapports politiques, commerciaux et intellectuels, hâter l'heure de la paix universelle.

Le génie initiateur qui préside aux destinées de l'humanité se recueille. Il cherche une force qui, dans sa puissance et sa rapidité, détruisant les barrières que les nations ont élevées entre elles, transporte un peuple chez un autre, fasse des intérêts de celui-ci les intérêts de celui-là, associe l'un et l'autre pour un même but : amélioration dans l'existence matérielle, développement dans la vie intellectuelle et morale.

Ce génie initiateur trouve, dans un coin presque ignoré de l'Allemagne, un tube de 4 centimètres de diamètre. Au tube se trouve adapté un piston. Quelques gouttes d'eau, introduites dans ce récipient et chauffées par trois ou quatre morceaux de charbon, suffisent pour soulever le piston qui, après un moment, n'étant plus soutenu inférieurement par la vapeur qui vient de se résoudre en eau, retombe sous la pression de l'atmosphère. Cette petite mécanique qui, somme toute, ne pèse pas 250 grammes, sera le germe de ces puissants moteurs que nous voyons aujourd'hui entraîner les hommes et les choses à travers le monde avec une vitesse vertigineuse, et de ces véloces et intrépides propulseurs qui sillonnent les océans.

Ce tube est devenu cette énorme locomotive qui parcourt la France d'une extrémité à l'autre entre deux levers de soleil. De cet infime instrument est sorti ce pyroscaphe qui, en quelques jours, transporte les produits du Nouveau-Monde en Europe.

Ce modeste appareil, la main défaillante d'un proscrit protestant l'avait laissé tomber, il y avait plus de cent ans de cela, sur les bords du Weser. L'engin révélateur était l'œuvre de Denis Papin, ce savant mort dans la pauvreté, le découragement et l'oubli.

La grande découverte de Papin, l'application de la vapeur comme force motrice aux machines et aux bateaux à vapeur, ne devait pas recevoir immédiatement sa solution définitive. La Providence ne le voulait pas. Elle ne jugea pas opportun de placer entre les mains de Pitt cette œuvre puissante, qui aurait pu écraser la révolution française avant que celle-ci eût accompli son œuvre. Napoléon n'eut pas la vapeur au service de son génie. « Avec son *génie* pour point de *résistance,* dit M. Ducoux, et la *vapeur* pour *levier,* l'empereur eût remué le globe. »

Dieu, qui réservait la vapeur aux œuvres de la paix, a laissé cent ans aux savants et aux mécaniciens pour mettre à l'eau le premier bateau à vapeur.

Quel était donc cet homme de génie qui devait donner à l'époque actuelle la plus grande impulsion qu'ait reçue la civilisation?

Denis Papin était-il un de ces trois pensionnaires mécaniciens que l'Académie royale de Paris entretenait alors, en allouant *à chacun un très bon salaire annuel, et qui avaient sous leurs ordres d'habiles ouvriers de toutes sortes, payés par le roi, et qui étaient prêts, en tous temps, à exécuter tout ce que ces pensionnaires commandaient?*

Hélas! non. Papin n'appartenait pas à cette classe de privilégiés ayant droit aux faveurs de ce roi, auquel la courtisanerie avait donné un soleil pour diadème.

Sa naissance ne l'avait pas placé sur les marches d'un trône, ni sur le plus petit tabouret de la cour. Il n'était noble ni de robe ni d'épée. Il n'était ni vassal ni seigneur. Il était simplement bourgeois; son acte de naissance le constate d'une manière irréfutable.

Du 22 aoust 1647.

Extrait du registre des baptêmes de l'Église réformée de Blois, pour l'année 1647. Du jeudi vingt-deux aoust mil six cent quarante-sept:

Denis Papin, fils de M. Denis Papin, receveur du domaine de Blois, et dame Madeleine Pineau; ses père et mère, a été baptisé par M. Testard, pasteur, et présenté au baptême par M. Isaac Papin, aussi receveur général dudit domaine, et dame Fidèle Turmeau.

Signé au registre : Papin, Fidèle Turmeau, Papin *et* Paul Testard.

Dans la famille de Denis se trouvaient plusieurs membres qui avaient consacré leur temps à la science, à la philosophie et à la religion. Nicolas Papin, un médecin qui nous a laissé un traité sur les phénomènes de la mer, et un autre sur les passions de l'âme, était son oncle. Claude Pajou, théologien protestant, était également allié de sa famille.

L'influence de ces deux hommes paraît, selon toutes les probabilités, avoir agi directement sur l'éducation du jeune Denis Papin, qui, comme son oncle Nicolas, étudia la médecine et les sciences physiques qui s'y rattachent et fut reçu docteur.

Denis Papin arriva bientôt à Paris, où des rapports intimes, amenés par des goûts communs, le lièrent avec le célèbre Huygens, à qui Colbert avait offert un appartement à la bibliothèque du roi. C'est là que le savant hollandais se livrait à des expériences multipliées sur le vide, question qui occupait alors le monde savant. Papin, ainsi qu'il le rapporte lui-même, avait *l'honneur de vivre dans la bibliothèque du roi, et d'aider M. Huygens dans un grand nombre de ses expériences. J'avais*, ajoute-t-il, *beaucoup à faire avec la machine destinée à lever des poids considérables au moyen de la poudre à canon.*

Le problème était posé à cette époque. Il s'agissait d'obtenir, au moyen du vide opéré par la combustion de la poudre, une force capable de soulever de grandes masses. Restait à trouver un procédé plus efficace pour faire le vide, puisque la machine dont parle ici Papin fut présentée à Colbert et fonctionna en présence de ce ministre, mais ne donna pas les résultats qu'on en attendait. Papin nous apprend, dans les *Actes des érudits,* que lui-même avait cherché à perfectionner l'appareil d'Huygens.

Toute l'intelligence de Denis paraît s'être, à cette époque (1674), concentrée sur l'étude des propriétés et des phénomènes atmosphériques. Il avait vingt-sept ans lorsqu'il publia ses *Nouvelles expériences du vuide, avec la description des machines qui servent à le faire.*

Robert Boyle s'occupait de perfectionner la machine pneumatique que venait d'inventer Otto de Guericke. Le savant Irlandais fut frappé de l'esprit d'observation et de la justesse des idées contenues dans la brochure du jeune physicien, que les persécutions de Louis XIV venaient de faire passer en Angleterre. Papin avait préféré l'exil à l'abjuration.

Boyle accueillit parfaitement le disciple d'Huygens. Pendant trois ans furent faites, en commun, des expériences dont plusieurs, de l'aveu de Boyle lui-même, appartiennent à Papin. « Plusieurs des machines dont nous faisions usage, telles que la machine pneumatique à deux corps de pompe et le fusil à vent, étaient, dit-il, de son invention et en partie fabriquées par lui. »

Avec un tel maître, un tel élève devait voir sa réputation se répandre. Les savants anglais avaient appris à estimer et à apprécier les qualités morales et l'intelligence de Papin. Aussi le physicien de Blois fut-il admis, sans contestation, membre de la Société royale de Londres. Sa présentation avait été faite par Boyle, qui avait ainsi voulu donner à son ami une nouvelle preuve de son attachement et de sa considération.

Quarante jours après sa réception, le 26 janvier 1681, Papin présenta à la Société son livre intitulé : *Digesteur, ou Manière d'amollir les os et de faire cuire toutes sortes de viandes en fort peu de temps et à peu de frais.* Une machine de son invention, et qui depuis a pris le nom de *marmite de Papin*, était l'appareil que l'auteur décrivait dans son nouveau mémoire. Ce digesteur se compose de deux cylindres creux et métalliques, le plus petit renfermé dans le plus grand. Le premier est destiné à contenir les substances qu'on se propose de soumettre à la cuisson, et le second à recevoir l'eau qui doit se convertir en vapeur. Un couvercle, fixé par des vis de pression et muni d'une soupape, fermait hermétiquement l'appareil.

Papin, qui venait de faire là la première application de cette soupape de sûreté qui, dans le temps, deviendra indispensable pour toute chaudière à vapeur, n'avait imaginé cet accessoire que pour voir comment se *comportait son pot-au-feu* et surveiller la cuisson. « Comme il pourrait quelquefois arriver, dit-il, que vous tireriez vos viandes avant qu'elles fussent cuites, et d'autres fois que vous les laisseriez brûler ; ainsi il a fallu chercher des moyens pour connaître et la quantité de pression qui est dans la machine et le degré de chaleur. »

Papin faisait peser sur la soupape une tige de fer qui supportait un poids préalablement déterminé à son extrémité. « Et ainsi, en augmentant ou diminuant le poids, ou en le changeant de place, je connais toujours à peu près combien la pression est forte dans la machine. »

L'invention réunissait toutes les conditions voulues, et la preuve en est que la disposition de ce petit appareil n'a pas varié jusqu'à aujourd'hui.

Le chevalier Sarotti, désireux de former une académie des sciences à Venise, appela Papin, qui partit le 1er mars 1681 de Londres et passa quelques jours à Paris, où l'Académie des sciences lui fit l'honneur de rendre compte, pendant son séjour, des expériences faites avec le digesteur. C'est la seule fois que ce corps savant français s'occupa du physicien blaisois. Son nom allait être proscrit comme l'avait été sa personne. Le nom d'un réfugié prononcé dans la salle de l'Institut !

Et les oreilles du *grand roi?*

Papin passa à Venise trois ans, au bout desquels il retourna à Londres. Ses collègues de la Société royale, qui l'avaient conservé, malgré son séjour en Italie, comme membre honoraire, le reçurent à bras ouvert et l'attachèrent à leur corps en qualité de praticien. Son traitement était 750 francs par ans. C'était là tout son revenu. Il est probable que tous les biens de sa famille avaient été confisqués par ordre de Louis XIV.

Il s'est trouvé des gens qui ont poussé l'incrédulité jusqu'à s'étonner qu'avec des ressources nulles, des persécutions sans cesse renouvelées, des déboires de toute nature, Papin ait, d'après eux, manqué de suite dans ses travaux. Que ses détracteurs s'en prennent à la mémoire de ce monarque, dont l'aveugle cruauté fit chasser de son royaume et persécuter une masse de citoyens qui ne demandaient qu'à enrichir et honorer leur patrie.

Pour jeter la pierre à Denis Papin, à ce sublime inventeur, qu'ont-ils fait, qu'ont-ils trouvé, ces juges à qui le sort fait la vie et la science si commodes ?

Leur médiocrité leur donnerait-elle l'envie d'amoindrir la gloire de nos grands hommes jusqu'au niveau de leur petite taille ?

Que ces imprudents réfléchissent et compulsent avant de condamner ceux qu'ils devraient prendre pour modèle, puisqu'il ne leur est pas donné de les égaler.

Heureusement que ces injustes critiques ne troubleront pas l'admiration qu'inspire le génie de cet homme, qui a doté le dix-neuvième siècle de la grande puissance de locomotion, et qui a consacré toute sa vie à la recherche de nouveaux moyens pour opérer le vide. Si Papin n'avait pas de suite dans les travaux, ce qui ne dépendait nullement de sa volonté, il en a eu au moins dans les idées.

Le savant huguenot était chargé, par la Société royale de Londres, de tenir au net la correspondance du docte corps, de faire des expériences de chimie, de physique et de mécanique. Au milieu de ces occupations multiples, il trouva le temps d'inventer une machine propre à élever l'eau, à opérer des épuisements dans les puits de mines, *à transporter au loin la force des rivières*. Cet appareil, muni de deux corps de pompe et, au moyen des pistons mis en mouvement par une chute d'eau, faisait le vide dans un long tube métallique. « C'était, dit M. Cap, la première application industrielle de la machine pneumatique à double effet dont il était l'inventeur. Cette idée portait en germe le principe de nos chemins atmosphériques actuels. »

L'indigence obligea Denis Papin de courir après le nécessaire et d'accepter la chaire de mathématiques et de physique expérimentale à l'université de Marbourg, position que lui fit offrir le landgrave Charles de Hesse. Par la même lettre qui informait la Société royale de Londres de sa nouvelle résolution, Papin priait le secrétaire de cette Société de lui faire payer l'arriéré de son traitement. Outre le solde de ses appointements, et pour lui prouver toute sa gratitude, la Société lui fit présent de quatre exemplaires de l'*Histoire des Poissons*.

C'est pendant les rares loisirs que lui donnaient ses cours (il professait quatre fois par semaine) que, l'esprit toujours occupé de la recherche des moyens pour arriver à faire le vide complet dans un appareil, Papin eut cet éclair de génie qui devait changer le monde et frayer la voie au progrès. Il venait de comprendre toute la force d'expansion de la vapeur. Laissons-le expliquer lui-même cette immense découverte : « On a fait, dit-il, quelques essais pour obtenir un vide parfait à l'aide de la poudre à canon. Jusqu'à présent toutes les tentatives ont été infructueuses et, après l'extinction de la poudre enflammée, il est toujours resté dans le tube environ la cinquième partie de l'air.

« J'ai donc essayé de parvenir, par une autre

route, au même résultat; et comme, par une propriété qui est naturelle à l'eau, une petite quantité de ce liquide, réduite en vapeur par l'action de la chaleur, acquiert une force élastique semblable à celle de l'air et revient ensuite à l'état liquide par le refroidissement, sans conserver la moindre apparence de sa force élastique, j'ai cru qu'il était facile de construire des machines où l'eau, par le moyen d'une chaleur modérée, produirait le vide parfait que l'on ne pouvait pas obtenir à l'aide de la poudre à canon. Parmi les différentes constructions que l'on peut imaginer à cet effet, voici celle qui me paraît préférable. »

Et après avoir donné l'explication de son appareil, il ajoute : « Or, mon tube, dont le diamètre n'excède pas deux doigts (4 centimètres), élève cependant un poids de 60 livres aussi vite que le piston est refoulé dans le tube, et le tube lui-même pèse à peine 5 onces. Je suis donc convaincu qu'on pourrait faire des tubes pesant au plus 40 livres, et qui cependant pourraient, à chaque mouvement, élever à 4 pieds de haut (1 mètre 33 centimètres) un poids de 2,000 livres.

« Il serait trop long d'énumérer comment on pourrait employer cette force pour tirer des minières l'eau et le minerai, pour lancer des globes de feu (des boulets) à une grande distance, pour diriger les vaisseaux contre le vent et faire beaucoup d'autres applications. Je ferai observer ici, en passant, sous combien de rapports une force motrice de cette nature serait préférable à l'emploi des rameurs ordinaires pour mouvoir les vaisseaux en mer. » Suit la manière dont il comprend que devraient être appliquées à son système des rames tournantes telles qu'il se souvient d'en avoir vu à Londres dans la machine construite par l'ordre du prince palatin Rupert. Il démontre, en outre, comment fonctionnerait l'appareil sur le navire.

Cette longue citation était nécessaire pour bien établir les droits incontestables, mais si contestés, de Denis Papin.

Il a été démontré d'une manière irréfutable que Denis Papin, de Blois, était le véritable inventeur des machines et des bateaux à vapeur. Notre savant Arago l'a prouvé dans une célèbre notice, M. Ducoux dans l'*Éloge historique* qu'il a publié sur le physicien blaisois, ouvrage couronné par la Société académique de Blois, et enfin Papin lui-même dans les autographes qu'on a retrouvés récemment et dans les mémoires enregistrés à la Société royale de Londres, et ceux insérés dans les *Acta eruditorum Lipsiæ*.

Papin continua d'occuper sa chaire à l'université

de Marbourg jusqu'à l'année 1707. Le landgrave de Hesse lui avait témoigné toujours beaucoup d'affection et l'avait nommé conseiller ordinaire. Par malheur, on n'est pas innovateur impunément. Lorsque Papin voulut faire l'application de sa nouvelle découverte, c'est-à-dire construire un bateau *qui, par le moyen du feu, devait rendre un ou deux hommes capables de faire plus d'effet que plusieurs centaines de rameurs*, il eut à lutter contre tous ceux qui se crurent atteints dans leurs intérêts matériels.

Ainsi nous lisons, dans une lettre adressée par lui le 7 juillet 1707 à Leibnitz : « Vous savez qu'il y a longtemps que je me plains d'avoir ici beaucoup d'ennemis trop puissants. » Papin lui annonce que son bateau est construit, que son dessein est de faire le voyage d'Angleterre sur ce bateau. Mais il y a une difficulté, c'est qu'il faut une permission expresse pour faire passer une embarcation de la Fulda dans le Weser. Il a recours à Leibnitz, qui, dès la réception de la lettre, écrivit au conseiller intime pour obtenir l'autorisation demandée par Papin. Cette autorisation se fait attendre. Notre impatient inventeur s'en plaint dans une seconde lettre du 7 août, et continue les essais de son bateau. « L'expérience de mon bateau a été faite, ajoute-t-il, et elle a réussi de la manière que j'espérais; la force du courant de la rivière était si peu de chose en comparaison de la force de mes rames, qu'on avait de la peine à reconnaître qu'il allât plus vite en descendant qu'en montant. Je suis persuadé que si Dieu me fait la grâce d'arriver heureusement à Londres, et d'y faire des vaisseaux de cette construction qui aient assez de profondeur pour appliquer la machine à feu à donner le mouvement aux rames, je suis persuadé, dis-je, que nous pourrons produire des effets qui paraîtront incroyables à ceux qui ne les auront pas vus. »

Papin, ne recevant pas de l'électeur de Hanovre la permission qu'il attendait, crut pouvoir passer outre. « Le 25 septembre 1707, nous apprend M. Ducoux, Papin s'embarqua à Cassel sur la Fulda, et arriva à Münden le même jour. Münden, ville du Hanovre, est située au confluent de la Fulda et de la Wera, qui se réunissent en ce point pour former le Weser. Papin comptait continuer sa route sur ce fleuve et arriver ainsi à Brême, près de l'embouchure du Weser dans la mer du Nord, où il se serait embarqué sur un vaisseau qui l'aurait conduit à Londres en remorquant son petit bateau. Mais les mariniers lui refusèrent l'entrée du Weser, et comme il insistait sans doute et réclamait avec force contre un procédé si rigoureux, ils mirent sa machine en pièces. »

Ce fait de vandalisme est constaté par une lettre

du 27 septembre 1707, écrite par le bailli de Münden, Zeuner.

La navigation à vapeur fut retardée de cent ans.

Papin, découragé, passa en Hollande, et de là retourna en Angleterre. L'obscurité la plus complète couvre ses dernières années. On dirait qu'il est mort avec son œuvre. Il vécut cependant jusqu'en 1714, et dans une indigence qui ne lui permit pas de renouveler son expérience de navigation à vapeur.

Le plus beau témoignage qu'on puisse rendre de la vie de Papin, il se l'est rendu lui-même dans toute la simplicité de sa modestie : « J'ai fait autant qu'on peut attendre du plus honnête homme, avec mes petites capacités et ma pénurie d'argent. »

Sa confiance en Dieu ne fut jamais ébranlée. Une lettre, adressée le 23 janvier 1712 à M. Sloane, docteur en médecine, nous le démontre. Il termine en disant : « Certainement, Monsieur, je suis dans une triste position, puisque, même en faisant bien, je soulève des ennemis contre moi; cependant, malgré tout cela, je ne crains rien, parce que je me confie au Dieu tout-puissant. »

On ignore le lieu où Denis Papin rendit le dernier soupir avec sa dernière espérance terrestre. « La roue d'un de ces wagons qui sèment la civilisation en passant, dit M. Ducoux, foule peut-être la place où reposent les cendres de l'inventeur, sans que la moindre inégalité de terrain, la plus petite pierre tumulaire, la plus modeste inscription, indique au voyageur que là *dort Papin*, l'homme créateur de tant de merveilles. »

Arago a dit, à propos de Denis Papin, le mot qui explique toute la vie et la fin du physicien blaisois : *L'homme de génie est toujours méconnu quand il devance trop son siècle, dans quelque genre que ce soit.*

VII

JACQUES SAURIN

JACQUES SAURIN

JACQUES SAURIN

1677-1730

I

Depuis deux siècles, la ville de Nîmes a l'heureux privilége de voir naître dans ses murs les représentants les plus illustres de l'Église réformée de France. Cette liste d'hommes éminents sur laquelle brille de nos jours le nom de M. Guizot, qu'il suffit de citer, s'ouvre quelques années avant la révocation de l'Édit de Nantes par celui d'un orateur sacré dont la voix retentit dans la chaire avec autant d'éclat que celle de M. Guizot à la tribune ou à l'Académie. Témoin et victime, dès sa jeunesse, des persécutions qui frappaient de mort ses coreligionnaires ou les jetaient sur le sol étranger, où ils n'emportaient, comme il le dit énergiquement, que leur vie pour butin, où ils arrivaient en bravant mille dangers, semblables, c'est encore lui qui parle, à des tisons retirés du feu, témoin et victime de ces horribles décrets qui remplissent la France de supplices et couvrent l'Europe de fugitifs, Saurin remplit une mission sublime.

En Angleterre, en Hollande, il est pendant trente ans le consolateur attendri de ses frères, et en même temps son éloquence chaleureuse et indignée s'élève comme une réprobation véhémente, éclate comme un cri vengeur contre l'auteur de tant de maux.

Dans l'intervalle qui sépare la mort de Saurin de la naissance de M. Guizot, Nîmes donne le jour à Court de Gébelin et à Rabaut-Saint-Étienne, l'un et l'autre fils de ces deux pasteurs si courageux, si dévoués, si infatigables, qui fondèrent l'Église du Désert. Ainsi la chaîne historique du protestantisme français ne subit aucune interruption. L'antique cité calviniste, en rédigeant ses propres annales, semble offrir le résumé de celles de la Réforme française, de Louis XIV à notre temps.

Jacques Saurin appartenait à une famille ancienne et honorable du Languedoc cévenol. Sortie de la petite ville de Calvisson, cette famille vint s'établir à Nîmes, dans la seconde moitié du dix-septième siècle. — L'ère des dragonnades n'avait pas encore remplacé celle de la tolérance et de la protection que l'Édit de Nantes avait inaugurée. — La population protestante de Nîmes était presque égale au nombre de la population catholique. Admissibles, comme leurs frères séparés, à tous les emplois civils et militaires, à toutes les dignités, les protestants nîmois occupaient en grande partie les fonctions publiques de leur cité natale. — Leur intelligence, en général plus cultivée que celle des catholiques, leur activité industrielle, leurs richesses les rendaient sur bien des questions les arbitres de leurs concitoyens. Jean Saurin, celui-là même qui avait fixé sa résidence à Nîmes, était un homme des plus distingués, et peu de temps avant que Louis XIV rendît les ordonnances tristement fameuses qui laissèrent à sa mémoire une tache ineffaçable, il avait été nommé secrétaire perpétuel de l'académie instituée récemment par l'évêque Fléchier dans le chef-lieu de son diocèse. Il fut le père de Jacques Saurin, qui vint au monde le 6 janvier 1677.

II

Tandis que Louis XIV se disposait à porter aux dernières limites les rigueurs dont il avait résolu d'accabler ses sujets « de la religion prétendue réformée, » un pasteur, renommé parmi ses coreligionnaires pour son éloquence et sa belle diction, vint supplier le roi de respecter l'œuvre de son illustre aïeul Henri IV. Il parla si bien, avec tant d'âme et de noblesse, que le roi fut ému et que, loin de punir le ministre de sa hardiesse, il le renvoya avec bonté, promettant de tenir compte des observations courageuses qu'on lui avait faites. Puis, encore sous le charme du langage de Dubosc (c'était le nom du pasteur), le roi s'écria : « Je viens d'entendre l'homme qui parle le mieux de mon royaume. »

Louis XIV n'avait pas entendu Saurin, dont l'éloquence avait précisément ce caractère de persuasion entraînante, ce charme irrésistible qui venait de lui arracher un cri d'admiration, hommage qui, adressé à un ministre protestant par un auditeur assidu des Bossuet, des Fléchier et des Bourdaloue, ne laisse pas que d'être significatif. Saurin posséda au plus haut degré les qualités qui constituent l'homme qui parle à la foule, qui agit sur elle, qui l'étonne, qui l'entraîne, qui la subjugue. Sa voix avait ce timbre harmonieux, cette sonorité éclatante, elle savait trouver cet accent pénétrant et pathétique qui donnent déjà à l'orateur la moitié de sa puissance; sa taille était élevée, son attitude naturellement noble, son visage plein d'animation joignait l'expression de la physionomie la plus sympathique à la régularité des traits dont la nature avait semblé se complaire à environner le prédicateur; une chaleur de débit prodigieuse, une force d'argumentation inépuisable, une abondance inouïe d'images frappantes et grandioses, enfin la science complète des ressources de l'art oratoire, de ses effets les plus divers, de ses oppositions inattendues, de ses délicatesses et de ses véhémences se succédant à travers une savante gradation, et vous vous ferez encore un tableau imparfait du talent de Saurin, de l'influence magique de sa parole, d'autant plus que vous ne pouvez fermer les yeux sur les défauts qui déparent tant de belles qualités. Ainsi, quand on relit aujourd'hui quelques-uns de ses sermons choisis parmi ses chefs-d'œuvre, il faut bien reconnaître que cette éloquence gagnerait en véritable force à être plus simple et moins prolixe; l'enflure, cet écueil si difficile à éviter pour les prédicateurs, nuit souvent chez Saurin à la seule majesté que devrait évoquer la voix qui s'élève dans la chaire chrétienne; l'abus des métaphores excessives, le retour fréquent des mêmes images et des mêmes expressions doivent aussi être signalés. Comme l'a observé avec beaucoup de justesse M. Charles Weiss, l'auteur de l'*Histoire des Réfugiés*, l'intempérance et la fougue du Méridional s'alliaient chez Saurin à la gravité acquise au séminaire de Genève et quelquefois l'absorbaient complétement. Mais quels que soient les défauts que l'œil du lecteur découvre maintenant dans les sermons recueillis du grand prédicateur, on ne saurait douter de la toute-puissance que la parole ardente et passionnée de Saurin possédait sur son auditoire. Ses défauts même, sur lesquels nous avons peut-être trop insisté, ajoutaient encore à son influence, car ils répondaient non-seulement à la nature de Saurin et à l'état de son esprit, sans cesse surexcité par le souvenir des traitements atroces auxquels les protestants de France ne pouvaient plus se dérober que par l'exil, mais encore au cœur, à l'âme de tous ceux qui l'écoutaient. Ces hommes, ces vieillards, ces enfants, ces femmes, chassés par la terreur, épouvantés par le châtiment de leurs amis, de leurs parents, égorgés ou ramant sur les galères du roi, n'ayant devant les yeux que le spectacle horrible des bûchers, des gibets et des roues, de la spoliation et de l'incendie, de toutes les cruautés que peut inspirer la haine allumée par le fanatisme, tous ces exilés, disons-nous, suspendus aux lèvres du premier d'entre eux par l'autorité dont il était revêtu, par le respect dont ils l'entouraient, puisaient dans les paroles de leur ministre une ardeur nouvelle pour cette foi, objet de tant de persécutions, sources de tant de misères. Ils s'attachaient de plus en plus à cette

Réforme pour laquelle leurs pères ou leurs frères étaient morts, pour laquelle ils souffraient si cruellement eux-mêmes. Entre Saurin et son auditoire il y avait un lien invisible, mystérieux, mais tout-puissant; c'était avec une âpre volupté, une amertume sainte qu'ils entendaient rappeler l'histoire lamentable des exploits des *dragons* de Montrevel, et le récit douloureux de ce nouvel *exode* au milieu duquel Saurin semblait marcher comme un nouveau Moïse, conduisant loin de la servitude et instruisant le peuple que Dieu lui avait confié.

C'est en se plaçant à ce point de vue humain, c'est en se reportant par la pensée au temps où il vécut, en entrant avec lui dans ce temple de Londres ou de la Haye, où il va prêcher aux « restes épars d'Israël » la Parole divine, c'est en devenant soi-même quelqu'un de ces restes épars, qu'on peut prendre de Saurin, prédicateur du refuge, une idée juste et complète.

Pour faire ressortir un portrait et lui attribuer toute sa valeur, il est nécessaire de fixer autour de lui le cadre au milieu duquel il doit revivre.

III

Jacques Saurin avait à peine huit ans, lorsque la révocation de l'Édit de Nantes fit prendre à son père le parti de s'expatrier. La première partie de ce long pèlerinage, qui devait se prolonger jusqu'au dernier jour des exilés, conduisit Saurin en Suisse.

Il fit ses études préparatoires à Genève, sans aborder pour le moment la théologie. C'était plutôt vers la carrière des armes que le jeune et bouillant Languedocien se sentait entraîné; devenir un grand capitaine, comme Schomberg ou le prince d'Orange; défendre avec l'épée cette religion qu'on attaquait avec la hache, opposer le soldat au bourreau, voilà quelles furent, pendant quelques années, les idées qui dominèrent l'esprit de Saurin. Mais bientôt ses idées changèrent. Un instinct secret l'avertissait-il de sa vocation, lui présageait-il la carrière brillante qu'il devait parcourir? Cela est probable; toujours est-il certain que Saurin se hâta de compléter ses travaux scolaires et de se livrer avec ardeur à l'étude des sciences sacrées. Bientôt il fut aisé à ses maîtres de distinguer les germes du talent oratoire du jeune élève en théologie.

A moins de vingt-trois ans, Jacques Saurin avait acquis dans Genève, dans la métropole du protestantisme, une réputation de prédicateur presque sans rival. Ses professeurs, qui dans les premiers instants de son entrée au séminaire avaient craint de ne pouvoir discipliner son esprit naturellement porté à jouir d'une indépendance turbulente, étaient ravis d'être forcés de convenir de leur erreur. Saurin promettait dès lors un grand prédicateur à la chaire protestante. Sa renommée s'accrut si rapidement, qu'il fut appelé en 1701 à remplir à Londres les fonctions de ministre de l'Église française. Là, il rencontra un modèle admirable, Tillotson, qui, de l'aveu de Voltaire, égale dans ses sermons Massillon et Fénelon pour l'onction et la douceur, et Bossuet et Bourdaloue pour la puissance et la majesté. Tillotson, que nul prédicateur anglais n'a égalé, fut étudié avec une respectueuse admiration par le jeune Français, et l'élève devint bientôt l'émule et l'ami de son maître, homme aussi remarquable par les qualités du cœur que par celles de l'intelligence.

A Londres, Saurin se maria et fut pendant quatre ans la consolation, la joie et l'orgueil de ses compatriotes, mais ce n'était pas dans la capitale de l'Angleterre qu'il devait atteindre aux dernières limites de l'art oratoire. Le climat humide de Londres, le ciel chargé de nuages de cette grande cité, dont la salubrité laissait alors beaucoup à désirer, déterminèrent Saurin à repasser sur le continent. Un trajet de quelques heures l'amena en Hollande, où les victimes de l'intolérance de Louis XIV avaient trouvé, dit Bayle, « la grande arche des fugitifs. » Ce fut en 1705 que Saurin prêcha son premier sermon dans le temple français de la

Haye. Pendant vingt-cinq ans il devait être l'âme et la voix de cette Église.

IV

Les protestants auxquels la mémoire de leurs ancêtres est demeurée chère, auxquels le respect des douleurs traversées par eux pendant deux siècles est demeuré inviolable, ces protestants n'auraient jamais dans leurs prières ou dans leurs vœux assez d'actions de grâces, assez de remercîments à rendre aux nations saintement compatissantes, chrétiennement fraternelles, qui accueillirent dans leur sein, réchauffèrent à leurs foyers, ranimèrent au spectacle de leur propre mouvement, ces « membres sanglants de Jésus-Christ » dispersés par Louis XIV, devenu, comme jadis Attila, le fléau de Dieu !

Depuis les bords du lac Léman jusqu'à ceux du golfe de Bothnie, à Genève, comme à Stockholm, à Lausanne et à Neuchâtel comme à Kœnigsberg et à Copenhague, dans toute l'Allemagne du Nord, principalement dans le Brandebourg, berceau d'où la monarchie protestante de Prusse allait bientôt sortir, en Angleterre et en Hollande, ce fut partout une émulation, une pitié, une ardeur à secourir, immenses, impossibles à rappeler autrement qu'avec la sécheresse du rapport et de l'analyse.

Guillaume d'Orange, stathouder de Hollande, puis roi d'Angleterre; Frédéric de Hohenzollern, électeur de Brandebourg, puis roi de Prusse; Charles XI en Suède, Christian V et Frédéric IV en Danemark, et tous les princes de la Confédération germanique, et le gouvernement de tous les cantons suisses où la Réforme avait pénétré, le gouvernement de la république de Genève, enfin toute l'Europe protestante fut admirable de dévouement et de charité; les réfugiés vinrent s'établir là où ils voulurent, furent secourus abondamment, consolés et appelés à une nouvelle existence. La patrie qu'ils laissaient derrière eux pleine de leurs douloureuses épreuves, ils la retrouvaient loin du ciel natal, car si la patrie est la terre des aïeux, le sol même sur lequel on a marché enfant, elle est aussi la terre généreuse des parents adoptifs, le sol hospitalier sur lequel le fugitif errant pose le pied sans crainte et sans effroi. Toute cette moisson de charité ineffable que recueillirent au delà de nos frontières les protestants de France en fit naître une autre plus magnifique encore, celle de la reconnaissance.

Partout où passèrent quelques familles protestantes, une lumière nouvelle s'alluma, un progrès dans l'industrie se manifesta, une invention utile naquit; tous les religionnaires n'arrivaient pas dénués de tout dans leur nouvelle patrie, beaucoup étaient riches, et malgré la rigueur des édits, grâce à mille circonstances, grâce même parfois, il faut le dire, à la complicité de leurs compatriotes catholiques, mais secourables au malheur, beaucoup, disons-nous, avaient réussi à faire passer la frontière à leurs biens sous la forme de leur valeur réalisée en argent; et tous étaient, soit d'habiles ouvriers, soit d'intelligents laboureurs, soit des marins hardis, soit des soldats valeureux. Voilà pour la masse; quant à l'élite, une suite infinie de noms illustres dans toutes les branches du génie humain constate ce qu'elle fut.

La Prusse, la Hollande et les autres États protestants, en revendiquant des gloires qu'elles ont le droit d'appeler nationales, rappellent une multitude de noms français. Ici, les Ancillon, dynastie d'hommes éminents, restée dans la lumière de la célébrité depuis le pasteur David Ancillon, contemporain de la révocation de l'Édit de Nantes, jusqu'à Frédéric Ancillon, mort à Berlin ministre d'État en 1837; les Beausobre, les Lenfant, les Savigny, les Bitaubé, les Chamisso, et bien d'autres dont quelques-uns, devenus complétement Allemands, ont même traduit leurs noms français dans cette langue; exemple suivi par les réfugiés des autres pays.

Ainsi tel réfugié qui pouvait s'appeler Chevalier,

se nomme peut-être aujourd'hui dans sa descendance, Knight à Londres ou à Édimbourg, et Kitter à Berlin ou à Hanovre.

Saurin, auquel nous allons revenir, nous a naturellement conduit à jeter un rapide coup d'œil sur l'ensemble de ce grand épisode de l'histoire moderne qu'on nomme le *Refuge*. Quel sujet fertile en vues presque ignorées du grand nombre, même parmi nos coreligionnaires, quelle suite de tableaux émouvants, quelle source d'émotions, dans ce souvenir de notre passé ! Quel enseignement dans le contraste de cette vie qui déborde au *Refuge* et de cette existence précaire, toujours menacée, exposée à toutes les hontes et à toutes les colères que mènent les protestants restés en France, sans lois morales, sans liens religieux, sans état civil; laissés en dehors de tout ce qui fait la société, n'en réalisant qu'une image lointaine à l'aide de tous les courages et de toutes les énergies dans l'*Eglise du Désert*.

V

Ainsi que nous l'avons dit, Jacques Saurin aborda en Hollande en 1705, et se plaça immédiatement au premier rang des prédicateurs de la colonie française, non-seulement de la Haye, mais de la colonie générale répandue sur tout le territoire néerlandais. Des hommes éminents occupaient alors en foule les chaires académiques ou religieuses de la république batave. Toutes les nuances du protestantisme français comptaient des représentants d'une haute valeur, depuis Bayle et Barbeyrac, jusqu'à Jurieu ; ces puissants esprits luttaient la plume à la main, quelquefois entre eux, au nom et en vertu du principe même de leur croyance commune, et le plus souvent contre les plus redoutables adversaires que les différentes parties de l'Église catholique, alors beaucoup plus divisée que le calvinisme, témoin les querelles de Bossuet et des jansénistes, du même Bossuet et de Fénelon ; chose étrange, Bossuet écrit contre les protestants l'*Histoire des Variations* au moment où l'hydre de l'hétérodoxie est dans le Vatican. On comprend que le culte qui se base sur le libre examen ait dans ses adhérents des hommes de différent sentiment sur tel ou tel point de doctrine, tel ou tel système d'exégèse ; Boileau l'a dit avec raison :

Tout protestant est pape une Bible à la main !

Mais dans le catholicisme, dans cette religion qui prétend ressembler au roc immuable, tout changement, toute divergence a droit d'étonner. Abbadie, ni Basnage, ni Jurieu, ni personne, ne rétorqua de cette sorte l'argument de Bossuet. Il est vrai que l'évêque de Meaux aurait eu une réponse écrasante et surtout commode : le catholicisme ne cesse pas d'être immuable, les catholiques seuls changent, mais ils sont alors hors de l'Église. L'argument serait victorieux, seulement il faisait l'Église bien petite. Bossuet était-il bien sûr de son orthodoxie à lui-même, lui le fougueux rédacteur de la Déclaration des libertés gallicanes? L'Église romaine était-elle alors au Vatican ou dans le palais épiscopal de Meaux? Pour obtenir un sourire de Louis XIV ou une révérence de la marquise de Maintenon, devenue reine *in partibus infidelium,* le grand évêque se serait écrié : Rome n'est plus dans Rome, elle est toute où est le roi.

Saurin prit peu de part à toutes ces luttes des Basnage, des Bayle, des Abbadie, des Jurieu, des Barbeyrac, d'un côté, et des Bossuet, des Arnaud, des Maimbourg, de l'autre. La nature ne l'avait pas créé pour la controverse; il n'avait pas assez de mesure pour soutenir une polémique avec avantage. Il resta ce qu'il était : une grande et admirable puissance par la parole, un instrument magnifique dont Dieu se servit pour relever le courage, pour fortifier le cœur de ses enfants persécutés et malheureux.

Il était, au témoignage de ses contemporains et de ceux mêmes qui pouvaient prétendre à l'ambition de le surpasser en mérite, il était impossible de résister à cette éloquence vive, pénétrante, dans laquelle le cœur débordait, où l'âme palpitait. Abbadie qui ne connaissait encore Saurin que de réputation, l'entend un jour, mais ignorant que ce fût Saurin qui prêchât. La parole du prédicateur le jeta dans une telle extase, qu'il s'écria : « Est-ce un homme ou un ange qui parle ? »

Quand Saurin montait en chaire, tout ce que la ville de la Haye comptait de personnages distingués, Hollandais, Français, nationaux de toutes contrées, se pressaient dans le temple. Les premiers magistrats de la république, les ambassadeurs, les princes étrangers, étaient ses auditeurs assidus et toujours émerveillés.

VI

Citons, pour donner quelque idée de l'éloquence de Saurin, quelques passages qu'on a toujours présentés comme des modèles. Citons-les en répétant que pour Saurin surtout, c'est peut-être dans la déclamation, dans l'harmonie de la voix et du geste, dans la noblesse de l'attitude, dans le côté plastique de l'art oratoire, plus encore que dans sa phrase chaude et imagée, que se révélaient les côtés les plus éclatants de son talent.

Voici le tableau qu'il trace à ses auditeurs de la mort :

« Où vas-tu, riche qui te félicites de ce que tes
« champs ont foisonné, et qui dis à ton âme : Mon
« âme, tu as des biens amassés pour plusieurs an-
« nées, repose-toi, mange et bois, et fais bonne
« chère ? — A la mort.

« Où vas-tu, pauvre qui traînes une vie languis-
« sante, qui mendies ton pain de maison en maison,
« qui es dans de continuelles alarmes sur les moyens
« de te procurer des aliments pour te nourrir et
« des habits pour te couvrir, toujours l'objet de la
« charité des uns et de la dureté des autres ? — A la
« mort.

« Où vas-tu, noble qui te pares d'une gloire em-
« pruntée, qui comptes comme tes vertus les titres
« de tes ancêtres, et qui penses être formé d'une
« boue plus précieuse que le reste des humains ? —
« A la mort.

« Où vas-tu, roturier qui te moques de la folie
« du noble, et qui extravagues toi-même d'une
« autre manière ? — A la mort.

« Où vas-tu, marchand qui ne respires que l'aug-
« mentation de tes fonds et de tes revenus ? — A la
« mort.

« Où allons-nous tous, mes chers auditeurs ? A

« la mort. La mort respecte-t-elle les titres, les di-
« gnités, les richesses? Où est Alexandre? où est
« César? où sont les hommes dont le nom seul
« faisait trembler l'univers? Ils ont été, mais ils
« ne sont plus. » (Sermon sur l'inégalité des hommes).

Saurin revient sur ces mêmes idées dans un autre sermon sur les frayeurs de la mort. A côté du sombre tableau qu'il trace des épouvantes du sépulcre, il fait briller la radieuse et consolante image de l'espérance et de l'éternelle félicité par le Sauveur à ceux qui ont accompli sa loi et gardé ses divins préceptes. La mort n'est redoutable que pour l'impie et le méchant, mais le véritable disciple de Jésus ne peut la craindre; celui qui a bien vécu attend la mort avec une sérieuse tranquillité, avec une profonde confiance dans l'amour et la miséricorde du Créateur.

« Vous, regrettez-vous des palais, des sceptres
« et des couronnes? s'écrie le prédicateur; vous,
« regrettez-vous une houlette que vous portez,
« une cabane qui vous loge? vous, regrettez-vous
« une société dont les défauts ou les perfections
« sont souvent une source égale de misères? Ah!
« fantômes de notre cupidité, paraîtrez-vous en-
« core à nos yeux, et tiendrez-vous bon encore
« contre ces biens réels que la mort de Jésus-Christ
« nous acquiert? Ah! *citernes crevassées,* l'em-

« porterez-vous encore dans nos esprits sur les
« fontaines des vives eaux ? Ah ! Sacrificateur de la
« nouvelle alliance, aurons-nous encore de la peine
« à te suivre, à la trace sanglante de ta croix et de
« ton martyre? Jésus-Christ est un conquérant
« qui nous a acquis un royaume de gloire et de
« félicité; sa mort est un gage précieux d'une éter-
« nité triomphante.

« La mort n'a donc rien de redoutable pour le
« chrétien. Dans le tombeau de Jésus-Christ sont
« dissipées toutes les frayeurs qui se trouvaient
« dans le tombeau de la nature... Dans le tombeau
« de Jésus-Christ, j'éclate en actions de grâces. Où
« est, ô mort, ton aiguillon ? où est, ô sépulcre, ta
« victoire? »

Il faut avouer que Bossuet et Bourdaloue, ces
deux colonnes de la chaire chrétienne chez les catholiques ne sauraient, malgré l'énergie habituelle
de leurs pinceaux, offrir une image plus capable
de porter l'épouvante devant les yeux et dans le
cœur.

A ces pages, si remarquables qu'elles soient,
nous préférons celle où il évoque l'image déso-
lante des persécutions souffertes, des tourments
supportés, des supplices et des martyres subis. —
L'indignation du prédicateur va éclater sur la tête
du monarque cruel, cause de toutes ces iniquités,
lorsque le respect divin, l'adoration d'une volonté

suprême, arrêtent la colère sur les lèvres du chrétien, qui ne s'ouvrent plus que pour demander à Dieu de toucher le cœur resté si longtemps fermé à la pitié.

Il est un autre sujet sur lequel la parole si vivante et si chaleureuse de Saurin aime reporter les esprits captivés de ses auditeurs. Il serait difficile d'adresser à la charité chrétienne, à la piété évangélique des appels aussi émouvants, aussi véritablement empreints d'un souffle généreux que ceux dont les sermons de ce ministre nous offrent des exemples multiples; nous détachons du sermon sur l'*Aumône* les paroles suivantes; aucunes, parmi les plus éloquentes qui sortirent de sa bouche, ne montrent mieux, associée à son beau talent, l'entraînante bonté de son cœur.

« Si Dieu vous demande vos aumônes, c'est par
« un effet de sa bonté envers vous, oui; je vou-
« drais graver cette vérité dans votre âme et ce
« sentiment dans vos cœurs... Dans la dispensation
« de ses autres grâces, s'il vous réjouit par la ma-
« gnificence de ses dons, il vous accable sous leur
« poids : aujourd'hui il veut vous devoir quelque
« chose. Il veut devenir votre débiteur. Il se fait
« pauvre pour être enrichi par vous. »

Et dans sa péroraison, le prédicateur ajoute :
« Que chacun se taxe, que personne ne demeure
« en arrière, qu'on voie une noble émulation au

« milieu de nous : que le grand donne des revenus
« de ses emplois, que l'homme de guerre donne de
« sa paye, que le marchand donne du fruit de son
« commerce, que l'artisan donne du travail de ses
« mains, que le pasteur consacre de ce que lui pro-
« curent ses méditations et ses études; que le jeune
« homme donne de ses plaisirs, que la femme mon-
« daine donne de ses ornements, que la pécheresse
« donne le *parfum de grand prix* destiné à des
« usages profanes, que l'habitant de ces provinces
« donne de son patrimoine; que le réfugié donne,
« qu'il ramasse les débris de son vaisseau fracassé,
« et qu'il en allume un feu pour offrir des sacrifices
« à ce Dieu qui l'a sauvé du naufrage. »

Saurin, qui parlait si éloquemment de la charité, joignit toute sa vie l'exemple au précepte. Il aurait pu être riche, grâce à la haute position que son caractère plein d'aménité et de noblesse et son talent hors ligne lui avaient faite en Angleterre d'abord et ensuite en Hollande. L'aristocratie, la bourgeoisie de ces contrées si commerçantes et si riches, l'avaient accueilli avec un égale sympathie. Il y avait entre les deux classes de ces populations une sorte de lutte courtoise à rendre magnifique l'hospitalité que recevait le ministre réfugié. Des sommes importantes se trouvèrent dans les mains de Saurin pendant les trente années de son apostolat, et Saurin, se bornant pour lui-même au nécessaire jusqu'à son dernier jour, prodigua le superflu dont on l'accablait aux pauvres, faisant deux parts dans ses distributions, l'une pour les habitants nécessiteux du pays, l'autre pour ses compatriotes, pour ses frères de France, les compagnons de son exil et de ses douleurs, envers lesquels il sentait qu'il était redevable deux fois de ces consolations et de ces secours. Lorsque la mort le frappa, le pasteur avait si bien partagé ses ressources à son troupeau, que la presque totalité de son héritage était représenté par le prix de sa bibliothèque.

L'historien du Refuge, M. Charles Weiss, a publié récemment un choix des *Sermons de Jacques Saurin*. Il a fait précéder cette édition d'une étude historique et littéraire à laquelle sont empruntés les fragments que nous avons offerts à nos lecteurs. Qu'il nous soit permis de citer M. Weiss lui-même. Voici en quels termes il constate l'effet du sermon sur l'*Aumône* :

« L'émotion que produisirent ces exhortations
« éloquentes fut générale et profonde. — En sor-
« tant du temple, les riches jetèrent dans les troncs
« placés aux portes leur or et leurs bijoux. Plusieurs
« assurèrent aux pauvres des legs considérables.
« Chacun voulut contribuer à soulager la glorieuse
« infortune des victimes de la persécution. Saurin
« lui-même donna l'exemple... se glorifiant d'être

« importun auprès des heureux de la terre pour
« secourir ses frères proscrits. »

La générosité de la Hollande ne fut pas stérile, les réfugiés payèrent par un attachement sans bornes à leur nouvelle patrie leur dette de reconnaissance. L'industrie et toutes les branches de l'activité sociale, déjà si florissante dans le pays d'Arteveldt, prirent encore une extension plus considérable. Cette petite terre, elle-même conquise par ses opiniâtres habitants sur la mer, devint la ruche, le grenier d'abondance de l'Europe.

Il en fut de même, ainsi que nous l'avons dit, dans toutes les contrées où les protestants français allèrent demander asile et protection.

Saurin ne fut pas seulement le prédicateur bien-aimé des habitants de la Haye, il parcourut toutes les villes de la Hollande, soulevant partout le même enthousiasme, provoquant la même admiration. Rotterdam et Amsterdam ont gardé sa mémoire avec la même tendresse et la même fidélité que la capitale officielle de la république néerlandaise.

Saurin, quel que fût l'extrême contentement que lui causait le succès obtenu par sa parole, usait ses forces, malgré son tempérament robuste et la régularité irréprochable de ses mœurs. Trente ans d'apostolat militant, de prédication incessante, finirent par terrasser le puissant orateur, qui jusqu'à la fin croyant toujours ressaisir ses forces n'en voulut jamais ménager les derniers restes.

Des chagrins vinrent encore abréger sa vie et jeter sur sa belle carrière un voile de deuil. La supériorité de Saurin lui avait acquis à la Haye, dans toute la Hollande, dans toute l'Europe protestante, une popularité dont sa nature impressionnable et incapable de dissimulation laissa peut-être voir trop d'innocente joie. De sourdes rancunes, de basses jalousies ne tardèrent pas, non à ébranler son autorité qui demeura jusqu'au bout intacte et hors de ces lâches atteintes, mais à frapper Saurin dans ce sentiment intime et légitime, qui est la conscience de notre esprit, de notre valeur morale et intellectuelle.

Saurin essaya de lutter, mais les armes de ses ennemis triomphèrent facilement d'un adversaire trop loyal. Même dans son juste ressentiment, Saurin était incapable de perdre sa candeur. Ses derniers moments furent témoins d'une de ses plus éclatantes victoires sur l'envie acharnée à le poursuivre. Sa fin prochaine semblait inscrite sur son front pâli, sa voix autrefois si vibrante avait perdu son accent mâle, pathétique et brillant. L'auditoire fondit en larmes, comprenant qu'il allait perdre son pasteur vénéré, son guide chéri.

Ces larmes étaient éloquentes, elles aussi, et elles arrachèrent à Saurin, déjà si défaillant, un cri sublime : « Vous m'aimez et je meurs! » L'auteur de *Polyeucte* semble avoir inspiré son génie à l'orateur, qui trouve dans cette exclamation si touchante et si simple un des plus grands effets dont l'art de l'éloquence offre le modèle à notre admiration.

Saurin mourut à cinquante-trois ans, le samedi 20 décembre 1730.

Le plus grand orateur qu'il ait été donné de produire à l'Église réformée de France, n'a eu la France que pour écho.

VIII

JEAN CAVALIER

JEAN CAVALIER

JEAN CAVALIER

1680-1740

I

Lorsque Henri IV, s'étant interposé entre le camp catholique et le camp protestant, avait reconnu, dans le préambule de l'Édit de Nantes, que Dieu était adoré et prié par tous ses sujets, sinon dans la même forme, au moins dans la même intention, de telle sorte que son royaume pourrait toujours *mériter et conserver le titre glorieux de Très-Chrétien;* au moment où fut déclarée pleine et entière la liberté de conscience, en avril 1598 enfin, la fausse maxime, qu'il ne doit y avoir qu'une seule foi comme il n'y a qu'un seul gouvernement, avait déjà coûté à la France trois milliards d'argent et deux millions d'hommes.

Tout être raisonnable, toute intelligence patriotique aurait dû comprendre que la conquête de la liberté religieuse avait demandé assez de sang et assez de ruines.

Telle était l'opinion du *seul roi dont le peuple ait gardé la mémoire*. Le Béarnais avait déclaré son édit *perpétuel et irrévocable*.

A cette grande pensée de tolérance répondait le lendemain et d'au delà des monts, la voix irritée de Clément VIII, qui écrivait qu'une ordonnance qui permettait *la liberté de conscience à tout chacun était la plus maudite qui fût jamais*.

Malheureusement ce cri funèbre allait avoir trop d'écho dans notre patrie.

Après la promulgation de l'Édit de Nantes, les passions semblèrent s'amortir, et les douze ans qui s'écoulèrent depuis cette promulgation jusqu'à la mort du roi furent douze années de calme pour les réformés de France.

II

Le couteau de Ravaillac semble avoir, du même coup, déchiré l'Édit de tolérance et percé le cœur d'Henri IV

Les persécutions recommencèrent dans la Basse-Navarre et le Béarn. Comme si le roi de France voulait punir ce pays d'avoir donné le jour à son père! Louis XIII entra dans la ville de Pau, le 15 octobre 1620, à la tête d'une armée qui, d'après Elie Benoît, « rompait les portes des temples, démolissait les murailles, déchirait les livres et les tables où les commandements de Dieu étaient écrits. Les soldats volaient et frappaient à coups de bâton et d'épée les paysans qui venaient au marché de Pau, présupposant qu'ils étaient tous huguenots. Ils forçaient les réformés qui leur tombaient entre les mains à faire le signe de la croix, et à se mettre à genoux quand la procession passait. Les femmes n'osaient paraître dans les rues... Il y en eut quelques-unes qu'on faisait jurer, parce qu'elles étaient grosses, de faire baptiser leurs enfants à l'église romaine quand elles seraient accouchées. On enlevait les enfants sans qu'il fût possible aux pères de les reconnaître, et tout cela se faisait sous les yeux du roi, sans qu'on pût obtenir même qu'il en écoutât les plaintes. Dans le reste du pays les soldats vivaient à discrétion, publiaient que leur roi leur avait donné le pillage des huguenots, chassaient les ministres, outrageaient leurs femmes, et menaient hommes et femmes à la messe à coups de bâton. »

Tel fut le prélude des dragonnades de Louis XIV.

La guerre était commencée. Le pape offrit deux cent mille écus, les cardinaux autant et les prêtres un million, à condition que les huguenots seraient ramenés de gré ou de force dans le sein de l'Église romaine.

Les hostilités furent poussées avec une rigueur inouïe. Les prisonniers étaient exécutés les uns sur place, les autres envoyés aux galères. Les habitants de la petite ville de Négrepelisse, à quelques lieues de Montauban, furent tous passés au fil de l'épée. « Les mères tenant leurs enfants, s'étant sauvées au travers de la rivière, ne purent obtenir aucune miséricorde du soldat qui les attendait à l'autre bord et les tuait. En une demi-heure tout fut exterminé dans la ville, et les rues étaient si pleines de morts et de sang qu'on marchait avec peine. Ceux qui se sauvèrent dans le château furent contraints, le lendemain, de se rendre à discrétion et furent tous pendus [1]. »

Le cardinal de Richelieu, entré aux affaires en 1624, attacha sa fortune politique à la prise de la Rochelle, le plus ferme rempart et la grande place d'armes de la Réforme française.

Le jour de la reddition de la Rochelle fut celui où les huguenots tombèrent à la discrétion de leurs ennemis.

---

[1] *Le Mercure français*, tome VIII, p. 637.

L'*Édit de grâce*, publié à Nîmes en 1629, remplaça dorénavant l'Édit de Nantes.

Il y eut bien, par intervalles, quelques jours de repos, mais ce calme était inquiet, et la persécution alla toujours s'aggravant jusqu'au moment où il parut favorable d'anéantir la Réforme.

On essaya des *convertisseurs* ou *propagateurs de la foi*, moines vagabonds qui recevaient une somme convenue par tête de prosélyte, le taux variant selon l'importance du converti.

La mission pacifique n'ayant obtenu que fort peu de succès, on pensa à la mission armée.

Le règne de Louis XIV arriva.

Le parti politique huguenot avait été décapité par la prise de la Rochelle. Richelieu avait imposé, pour première condition, que toutes les fortifications des villes huguenotes fussent rasées. L'Édit de grâce n'avait été octroyé qu'à ce prix.

Par la déclaration faite au synode de Loudun, tenu en janvier 1660, Louis XIV brisa l'organisation presbytérienne de la Réforme française en défendant, à l'avenir, la convocation des synodes nationaux, dont la création datait de cent ans. Les synodes étaient la seule voie qui restât aux réformés pour faire entendre à la cour leurs doléances.

L'idée fixe du règne de Louis XIV fut l'extinction de ce qu'il appelait l'hérésie. Le grand roi commença par supprimer les écoles, abattre les temples, confisquer les établissements charitables au profit des catholiques. La peine du bannissement perpétuel fut prononcée contre les *relaps*, c'est-à-dire contre ceux qui retournaient à la communion réformée après avoir fait abjuration. Tous les ecclésiastiques de l'Église romaine furent autorisés (ordonnance du 12 mai 1665) à se présenter au domicile des malades pour essayer de les convertir. Les enfants furent déclarés aptes à embrasser le catholicisme, les garçons à quatorze ans, les filles à douze; les parents obligés de leur faire une pension alimentaire alors même qu'ils n'habitaient plus le domicile paternel. Quelques années plus tard, une nouvelle déclaration du Conseil royal porte que les enfants pourront se convertir à sept ans, et un arrêt du parlement de Rouen autorise les sages-femmes catholiques à ondoyer les enfants protestants. Les orphelins protestants ne doivent avoir, à l'avenir, que des tuteurs catholiques.

Les protestants sont exclus de toutes charges publiques, déclarés indignes d'être avocats, médecins. Il leur est interdit de sortir du royaume sous peine des galères et de confiscation de leurs biens.

Les jésuites, plusieurs évêques en tête, suppliaient le roi de travailler avec plus d'ardeur encore *à faire expirer entièrement le redoutable monstre de l'hérésie.*

« Le jubilé de l'an 1676, dit M. G. de Félice, opéra ce que certains historiens nomment la *conversion* de Louis XIV. Ce prince eut de grands remords d'avoir donné tant de scandales à la cour et à son royaume par ses adultères publics. Sa conscience inquiète, les troubles de son esprit et de son cœur furent habilement exploités contre les hérétiques par le père La Chaise, élevé depuis un an à l'office de confesseur du roi. Les réformés durent payer pour les fautes du monarque, et le réconcilier, par leur abjuration ou leur ruine, avec le Dieu qu'il avait offensé.

Le premier moyen qu'employa le roi pour racheter ses désordres fut l'achat des consciences à prix d'argent. Pélisson, chargé de ce nouveau trafic, envoya bientôt au roi des listes de six, huit cents convertis. Les malheureux et les fripons firent commerce de leurs convictions religieuses, si toutefois il leur restait quelque chose qu'on pût appeler de ce nom-là. Le roi était émerveillé, les jésuites triomphaient. Madame de Maintenon, née calviniste, mais convertie depuis l'âge de seize ans, était ambitieuse et avait à faire oublier son origine huguenote. Elle s'unit au père La Chaise pour travailler à la ruine de l'hérésie. Louvois qui, depuis la paix de Nimègue, sentait qu'il n'était plus utile à son maître, et voyait que le seul moyen de plaire au monarque était de le seconder dans la conversion des huguenots, voulut *y mêler du militaire*, selon la pittoresque expression de Madame de Caylus, et le terrible ministre inventa les *dragonnades*.

Sur l'ordre de Louvois, Marillac, intendant du Poitou, fit marcher ses dragons. « Ces cavaliers, dit Élie Benoît, attachaient des croix à la bouche de leurs mousquetons pour les faire baiser par force, et quand on leur résistait, ils poussaient ces croix contre le visage et dans l'estomac de ces malheureux. Ils n'épargnaient non plus les enfants que les personnes avancées en âge, et, sans compassion de leur vieillesse, ils les chargeaient de coups de bâton, ou de plat d'épée, ou de la crosse de leurs mousquetons : ce qu'ils faisaient avec tant de violence que quelques-uns en demeurèrent estropiés. Ces scélérats affectaient de faire des cruautés aux femmes. Ils les battaient à coups de fouet; ils leur donnaient des coups de canne sur le visage pour les défigurer; ils les traînaient par les cheveux dans la boue et sur les pierres. »

Les réformés avaient perdu tous leurs droits politiques et civils; la sécurité n'existait plus pour eux dans le royaume; leurs personnes, leurs femmes, leurs enfants et leurs vieux pères étaient à la merci d'une soldatesque brutale et superstitieuse.

La position était intolérable. Les persécutés cependant essayèrent d'élever encore la voix et envoyèrent leurs doléances au roi.

Le roi leur répondit par la *Révocation* de l'Edit de Nantes, 18 octobre 1685.

Tous les temples encore debout devaient être démolis.

Tous les ministres de la religion devaient quitter le royaume dans quinze jours.

Plus de culte pour les réformés.

Plus d'écoles protestantes.

Tous les enfants qui naîtraient aux réformés devaient être baptisés par les curés des paroisses; les père et mère seraient obligés de les y porter.

Les enfants des réformés seraient élevés dans la religion catholique. Défense était faite à tous les réformés de sortir du royaume, à peine des galères et de confiscation.

III

La révocation de l'Édit de Nantes avait jeté l'épouvante dans les contrées protestantes du Midi.

Le système d'iniquité violente, mis en pratique par Louis XIV, n'était pas fait pour lui ramener le cœur des populations du Dauphiné et du Languedoc.

La foi était vive dans les diocèses des Cévennes et du Vivarais; aussi la persécution amena-t-elle bientôt une plus grande ferveur, une exaltation religieuse, communiquée aux protestants par leurs *prophètes* ou leurs *prophétesses*.

Ces prédicateurs enthousiastes traduisaient leur langage inspiré en de saisissantes paraboles qui embrasaient la foule. C'étaient eux qui, au milieu des bois, dans une anfractuosité de rocher, réunissaient les fidèles, soutenaient leur énergie près de défaillir, et inspiraient aux courages les plus tièdes le devoir d'une sainte insurrection.

La violence des persécutions devenait tous les jours plus intolérable. Les dragons faisaient feu sur l'assemblée religieuse tenue aux environs d'Alais. Trois femmes enceintes tombaient parmi les tués, et les soldats leur arrachaient le fruit de leurs entrailles. Les séides de Bâville, le fougueux intendant du Languedoc, fusillaient, massacraient, martyrisaient hommes, femmes, enfants, vieillards; rasaient les maisons, brûlaient les récoltes.

Quand les protestants n'eurent plus devant eux que des assassins, ils se firent soldats. La révolte contre les atrocités commises tous les jours éclata à la fin. Il était temps de se lever, si on ne voulait pas voir la race huguenote disparaître du pays.

Bâville avait un digne acolyte dans un certain abbé Du Chayla, qui avait appris à Siam tous les raffinements de la cruauté. Ce digne archiprêtre marchait à la tête des troupes convertisseuses et remplissait, au besoin, l'office de bourreau. Il s'amusait à arracher, avec des pinces, les poils de la barbe et des sourcils aux prisonniers, leur faisait tenir des charbons ardents dans leurs mains fermées jusqu'à ce qu'ils fussent éteints, ou bien leur imbibait les doigts de graisse ou d'huile, mettait le feu à ces substances combustibles qui calcinaient les chairs jusqu'aux os.

Sa mort, arrivée en juillet 1702 (quatre ans après la Révocation) fut le signal de l'insurrection.

Cette exécution vengeresse accomplie, les protestants ne pouvaient reculer. Il fallait se mettre en mesure de braver l'extermination.

L'intrépide Roland, de Mialet, fut le premier qui organisa la résistance dans les Cévennes, pendant que Laporte l'organisait dans la Vaunage.

Laporte livre quelques combats et succombe le 22 octobre 1702. Quelques jours avant sa mort arrivait de Genève, où il s'était réfugié, un jeune homme de vingt-deux ans, petit de taille, les yeux grands et vifs, les cheveux blonds, la tête forte et un peu enfoncée dans les épaules.

Ce fils d'un paysan de Ribaute, près d'Anduze, celui qui, dans son enfance, avait été aide-berger et qui exerçait alors le métier de garçon boulanger, devait devenir le plus célèbre chef de ces vaillants révoltés à qui on a donné le nom de *Camisards*.

C'était JEAN CAVALIER.

IV

A la tête d'une vingtaine de jeunes gens de Ribaute, qu'il avait su entraîner dans la sainte cause, Cavalier commence par se procurer des armes chez le curé de Saint-Martin et se met en campagne. Il fait mettre à mort l'apostat Jordan, le curé de Caissargues, brûle l'église de ce dernier et se rend à l'assemblée d'Aiguesvives, où il harangue ses coreligionnaires et leur fait partager son ardent enthousiasme. Sa troupe grossie de tous ceux que désespérait Bâville, se joint à celle de Roland et brûle les églises de Bragassargues et de Serignac.

On marchait en plein jour, tambour battant et enseignes déployées.

Cavalier, contre qui marchent le lieutenant colonel du régiment de Menon et le comte de Broglie, gagne les bois situés du côté d'Alais. Vidal, capitaine de la garnison du château de Mandajors, veut l'arrêter. Il est tué et sa compagnie mise en fuite.

Le succès grossit les rangs des Camisards, qui s'organisent de mieux en mieux. Cavalier est nommé chef *avec droit de vie et de mort sans même assembler un conseil de guerre.* On lui adjoint quatre lieutenants : Espérandieu, Rastalet, Ravanel et Morel, dit *Catinat.*

La petite armée, pleine de confiance en son nouveau chef, débute par un succès. Elle enveloppe et défait, dans le bois de Vaquières, Bimar et Montarnaud, qui avaient amené trois compagnies pour courir sus aux Camisards. Les soldats de Cavalier étaient comme plus tard le furent les soldats de Bonaparte au commencement de la campagne d'Italie. Ils n'avaient ni pain ni souliers. La victoire de Vaquières leur donne des armes, des munitions et cent pistoles, avec lesquelles les protestants s'achètent des chaussures.

La défaite d'un détachement sorti de Cendras, et la déroute du capitaine Bormefoux et de son détachement procurent des habits d'uniforme aux gens de Cavalier. Costumé en officier et suivi de trente des siens habillés avec les uniformes conquis, le jeune chef s'introduit dans le château de Servas, où il est reçu sans méfiance. Cette ruse de guerre le met en possession de cette place forte située entre Uzès et Alais. Il enlève les munitions et les provisions de bouche de la forteresse, qui est livrée aux flammes.

A la veille de la fête de Noël, Cavalier, qui alliait à la bravoure et à l'instinct militaire une surexcitation religieuse dont l'énergie lui avait fait donner le nom de prophète, convoque une assemblée dans la terre de Saint-Christol.

Les protestants d'Alais, privés depuis longtemps de la parole divine, se rendent en masse à l'appel du chef des Camisards. L'assemblée n'avait pas fini de rendre à Dieu ses actions de grâce, lorsque le chevalier de Guines, qui commande à Alais, monte à cheval et se met en route pour dissiper les fanatiques. Il est suivi de 50 gentilshommes à cheval, de 600 hommes de bourgeoisie et de toute la garnison. Cavalier n'a avec lui que 80 hommes. C'est avec cette faible troupe qu'il reçoit la charge de la cavalerie, qu'il charge à son tour les gentilshommes et l'infanterie, et qu'il met en déroute complète les soldats de M. de Guignes.

Trois jours après Cavalier et Roland, usant du stratagème déjà employé au château de Servas, se présentent aux portes de Sauves en uniformes d'ordonnance. Ils s'introduisent dans la ville et s'en rendent maîtres. L'église paroissiale est incendiée, les habitants sont désarmés. Munis de plomb, de munitions, d'armes et de provisions, les Camisards se contentent de fusiller trois de leurs ennemis irréconciliables, trois ecclésiastiques fougueux Boisseau, prieur de Bragassargues; Combres, vicaire de Quissac; Massan, sacristain de Sauve.

La terreur se répand parmi les populations catholiques, qui demandent de nouveaux soldats

Louis XIV. Le grand roi s'émeut et envoie des renforts pour écraser cette poignée de rebelles qui inquiète son auguste piété.

Dès les premiers jours de l'année 1703, un nouveau combat est livré aux Camisards par M. de Broglie et le capitaine Poul, aux environs de Nîmes, au lieu dit *lou cros dé Val dé Bana*. La victoire resta aux *enfants de Dieu*. Les dragons, mis en fuite, laissèrent sur le champ de bataille le corps du capitaine Poul, tué par un tout jeune homme de Vauvert appelé d'un diminutif nominal commun dans le Languedoc, Samuelet, petit Samuel.

Le lendemain Cavalier attaquait le village de Pouls, situé à cinq quarts de lieue de Nîmes, brûlant l'église et passait par les armes une partie de la population.

Atroces représailles, il faut en convenir; mais qui donc avait provoqué l'esprit de vengeance chez ces pauvres paysans qui versent leur sang pour la liberté de conscience ?

Que la responsabilité de toutes ces exécutions retombent sur les persécuteurs. « Oublierons-nous, comme l'écrit Rulhières, qu'on avait abattu leurs temples, livré leur pays à la licence du soldat, enlevé leurs enfants, rasé les maisons de ceux qu'on appelait opiniâtres, fait expirer sur la roue les plus zélés de leurs pasteurs ? »

Oublierons-nous encore qu'à l'arrivée des brigadiers du roi, Julien et de Parate et sous la présidence du terrible de Bâville, de ce *roi du Languedoc* qui avait pris pour devise : *Toujours prêt, jamais pressé*, il avait été résolu en conseil de *passer tous les protestants de la province au fil de l'épée, et de brûler tous les lieux soupçonnés de favoriser la révolte.*

Il ne faut pas oublier non plus que, d'après M. G. de Félice, *les massacres ne se comptaient plus. Gibets, échafauds, bûchers même étaient en permanence.*

« On enleva, ajoute le même auteur, les parents des rebelles pour les punir, les notables de chaque endroit pour servir d'otages, les jeunes gens de peur qu'ils n'allassent grossir les bandes des Camisards, et quand les prisonniers étaient trop nombreux, on s'en défaisait par le bourreau. »

La défaite et la mort du capitaine Poul, le sac du village de Pouls, la destruction récente d'un détachement commandé par le chevalier de Saint-Chattes, portèrent la terreur dans tous les esprits catholiques et grandirent le nom de Cavalier.

Pendant que le héros des Cévennes donnait tant de preuves d'habileté militaire, d'audace et de bravoure, son digne lieutenant Roland, aussi intrépide, aussi convaincu, mais d'un caractère religieux plus ferme peut-être que son chef, Roland brûlait le château de Saint-Félix et en exterminait la garnison.

Les châteaux de Mandajors, de Roquevaise, de Cabrières, de Velescure, de Moissac, de Montleçon, de Sainte-Croix, de Préforan et des Plantiers avaient été également détruits par Castanet, Joany, Lafleur, Catinat et Moulines.

Le Languedoc catholique est consterné. Le nom de Camisard devient un épouvantail pour toute la contrée.

Cavalier, appelé par le *prophète* Esparon, résout d'aller appuyer le soulèvement du Vivarais. Il part à la tête de 800 hommes, et force les villages et les châteaux, brûle les églises et les presbytères qu'il trouve sur sa route. A Voynas, il rencontre une colonne commandée par le comte du Roure, envoyé contre lui, la bat complétement et la poursuit à une lieue du champ de combat. Cet avantage lui coûte la vie d'Espérandieu, un de ses meilleurs lieutenants.

A son tour, assailli par des forces triples des siennes, le chef des Camisards est complétement défait par le maréchal de camp Julien, qui l'avait attendu aux environs de Barjac. Il ne parvient à se sauver lui-même, avec une partie de sa troupe, qu'en mettant en œuvre toute la ruse et le sûreté de pied des montagnards cévenols.

A ce moment nous voyons paraître sur la scène

le maréchal de Montrevel qui, envoyé pour remplacer M. le comte de Broglie, accusé d'inhabileté, commence par publier deux ordonnances où la peine de mort est prononcée, non-seulement contre ceux qui seraient pris les armes à la main, mais encore contre ceux qui donneraient aux Camisards des vivres ou une assistance quelconque. L'inflexible maréchal débuta par faire brûler, le 1er avril 1703, trois cents protestants qui s'étaient réunis pour prier dans un moulin des environs de Nîmes. L'évêque Fléchier, en racontant cette horrible tuerie, ne trouve que ces tristes paroles : « Cet exemple était nécessaire pour arrêter l'orgueil de ce peuple. »

L'orgueil du *peuple de Dieu*, du *troupeau de l'Eternel*, comme s'appelaient alors les protestants du Midi, ne fut nullement arrêté. Son indignation s'accrut.

Cavalier était alors caché à Cardet, malade de la petite vérole. Il confia le commandement des Camisards à Ravanel, Catinat et Roland, qui attaquent Sumène sans succès, traversent Ganges et sont atteints sous les murs de Pompignan, qu'ils assaillent, par le maréchal de Montrevel. Une lutte terrible s'engage et les Camisards sont forcés de battre en retraite après avoir perdu deux cents hommes.

Cavalier, à peine guéri, se met en devoir d'effacer le désastreux effet produit par l'échec de ses lieutenants. Il brûle l'église de Saint-Laurent d'Aigousse, taille en pièces le détachement du major d'Arbouville, tue trente hommes au colonel de Tarnaud qui se rendait d'Alais à Ners, franchit le Gardon et disperse un corps de recrues conduit par M. de Massillan.

Exaspéré par les cruautés commises par M. de Julien à Mialet, près Anduze, et à Saumane, et, par les nouvelles rigueurs de M. de Montrevel qui sévissait contre les habitants de la Vaunage, le chef des Camisards brûlait le bourg de Montlezan, en massacrait tous les habitants et exerçait de terribles représailles à la Salle.

Surpris dans la prairie du Colet de Dèze par le brigadier du roi de Planque, Cavalier se jette dans les hautes Cévennes. Après avoir convoqué trois assemblées religieuses dans le vallon de Malle-Bouisse, le chef des Enfants de Dieu se retire à la nuit dans la tour de Bélot, où, trahi par le meunier Guignon, il est enveloppé, lui et les siens, à minuit, par les troupes de de Planque. Cavalier, réveillé en sursaut, pousse droit à l'ennemi, fait une brèche au mur de la cour et engage un terrible combat. On se bat corps à corps, on s'entre-tue avec une rage furieuse; on fait des prodiges de valeur des deux côtés au milieu des ténèbres. Le nombre des assaillants augmente à chaque minute. Cavalier, pour sauver le gros de sa troupe, ordonne la retraite et laisse dans le moulin trois cents hommes qui luttent en désespérés et ne succombent qu'écrasés par le nombre et étouffés par les flammes.

Dans sa fuite, Cavalier culbute un corps de dragons qui lui barrait le passage, et se retire dans le bois de Saint-Benezet.

C'est à cette époque qu'il s'occupe de former une troupe de cavaliers, et qu'il envoie Catinat et Samuelet en Camargues pour acheter des chevaux.

Il fallait organiser tous les moyens de résistance, car les moyens d'attaque devenaient tous les jours plus formidables. Les renforts arrivaient en effet à M. de Montrevel, qui eut bientôt sous ses ordres 6 compagnies de *miquelets*, plusieurs régiments de bourgeoisie, 20 bataillons de troupes réglées et 3 régiments de dragons.

Outre cette effectif militaire, le fougueux maréchal organisait les *cadets de la croix*, volontaires catholiques commandés par Lafayole, dit l'*Hermite;* par Florimond, de Générac; par Lefèvre, de Nîmes, et Alary, de Bouillargues.

A l'œuvre, M. de Montrevel jugea bien vite ces nouveaux auxiliaires. « Ils ne cherchent qu'à voler, s'écrie-t-il en apprenant leurs méfaits, et à faire impunément un pillage universel, sans chercher les rebelles en armes; ils tuent tout sans règle ni mesure. Ce sont la plupart de francs brigands. »

MM. de Basville et de Montrevel laissaient faire néanmoins ces cadets de la croix, et persistaient à encombrer les prisons de malheureux qui expiaient sur la roue et sur le gibet le crime de confesser la religion du libre examen.

L'invasion des Hautes-Cévennes, la destruction des soixante-dix villages où s'entretenait la révolte, furent résolues. De Montrevel, de Bâville, de Julien, de Canillac et le comte de Peyre devaient commander les troupes et ouvrir la campagne à la fin de septembre 1703.

Cavalier, désolé par la mort de sa mère, qu'il est venu embrasser au milieu des plus grands dangers et qui succombait aux tortures d'une longue captivité; exaspéré par la détention de son père et de son frère que Montrevel avait fait jeter dans les prisons d'Alais, et par l'ordre qu'avait donné le maréchal de raser la maison où était né *ce gueux qui tranchait du général*, Cavalier met le feu au château de Candiac, massacre plus de cent cinquante catholiques, brûle les églises d'Aiguesvives, du Grand-Gallargues, de Mus, d'Uchaud, de Bernis, de Vic, plusieurs maisons à Génolhac, à Saint-Cériès, à Saturargues, à Villetelle, en un mot ravage la plaine jusque sous les murs de Nîmes.

C'est à cette époque que le chef des Camisards écrit à Louis XIV une lettre datée du *Désert*,

14 septembre 1703, et signée : Cavalier, *chef des troupes envoyées de Dieu.*

« Dans cette lettre, dit le sincère historien Ernest Alby, Cavalier se justifie d'avoir pris les armes; il n'avait été conduit à le faire que pour recouvrer la liberté de conscience qu'on lui disputait. Il s'étendait sur les persécutions, réclamait la liberté de conscience pour lui et pour les siens; ajoutait que si Sa Majesté la leur accordait, elle n'aurait jamais de sujets plus fidèles qu'eux, et il concluait en déclarant que si on leur refusait leur juste demande, comme il faut obéir à Dieu plutôt qu'au roi, ils se défendraient jusqu'à la dernière extrémité. »

La conduite des Camisards n'a pas besoin d'autre justification.

V

La lettre de Cavalier ne détourna pas le grand roi de son œuvre de prosélytisme guerrier et sauvage.

Le brigadier Julien et le marquis de Canillac exécutaient le programme de Montrevel. Les 31 paroisses condamnées étaient détruites, les Hautes-Cévennes étaient dévastées sur un espace de 40 lieues d'étendue. 466 bourgs, villages et hameaux, habités par 25,000 habitants, furent détruits. « Les maisons, dit l'abbé de Louvreleuil, les granges, les baraques, les métairies isolées, les cabanes, les chaumières, tous les bâtiments tombèrent sous l'activité du feu, tout de même que tombent, sous le tranchant de la charrue qui les coupe, les fleurs champêtres, les mauvaises herbes et les racines sauvages. »

Deux mois et demi avaient suffi aux troupes royales pour faire un désert de cette contrée si florissante avant la révocation de l'Édit de Nantes.

Cavalier, furieux à la vue de ces atrocités, descend sur Sommières, qu'il cherche inutilement à surprendre. Il ne peut que repousser quelques sorties des assiégés et mettre le feu à plusieurs édifices. Il brûle l'église d'Uchaud et les bâtiments de la poste au Pont de Lunel, s'empare des chevaux qu'il trouve en ces deux endroits, rase les fortifications du Chayla et celles de Vauvert, livre aux flammes les églises de Nages, de Boissières, de Sincens, de Parignargues, d'Aubais, de Junas et de Saint-Cosme, et défait M. de Vergetot sous le petit bourg de Lussan.

Il se retire à Nages, où, dans une reconnaissance, il est surpris seul par un cornette et deux dragons.

— Vous êtes Cavalier, lui dit le cornette, je

vous connais; rendez-vous, vous ne pouvez nous échapper et vous aurez bon quartier.

Le chef des Camisards lui répond en lui cassant la tête d'un coup de fusil, et en tuant les deux dragons de deux coups de pistolet.

Son esprit de justice n'était pas moins grand que son courage personnel. Madame de Miraman, accompagnée d'une nourrice, d'une femme de chambre, d'un valet et d'un cocher, ayant été arrêtée et mise à mort ainsi que ses gens par quatre Camisards, Cavalier fait arrêter les coupables, réunit un conseil de guerre qui les condamne à mort, et en fait fusiller trois, le quatrième s'étant échappé.

Les enfants de Dieu, réunis à Nages sous la protection de Cavalier, tenaient une assemblée lorsqu'on leur annonce l'arrivée des troupes qui se disposent à les envelopper. Cavalier, sans hésiter, se précipite sur l'ennemi qu'il culbute et met en fuite. Les exercices religieux sont repris, et lorsque l'on compte les morts on voit que cette affaire n'a coûté aux protestants que cinq victimes : Ricard, du Grand-Gallargues; Roux, de Soulorgues; David Delord, d'Aubais, et un inconnu. C'est dans ce combat que l'on remarque le courage d'une trentaine de femmes qui s'étaient jointes aux Camisards, et surtout celui d'une jeune fille de dix-huit ans, nommée Lucrèce Guignon, dite *Lucrèce la Vivaraise*.

Après avoir échappé, sous les murs de Vergèze, à M. de Fimarcon, Cavalier vint camper sur les hauteurs de la Roques d'Aubais, à l'endroit où la rivière du Vidourle coupe la colline en deux. Assaillis dans ce campement par les dragons de M. de la Borde, les Camisards repoussent une première charge au moyen de pierres lancées par une soixantaine d'hommes munis de frondes. Le gros de la troupe s'élance pour soutenir les frondeurs, et les soldats sont forcés de se réfugier dans le château d'Aubais et de courir s'enfermer dans Sommières. Lucrèce la Vivaraise, l'héroïne du combat de Nages, se battit au premier rang dans cette rencontre avec les dragons.

La renommée de Cavalier allait encore s'accroître. Il allait livrer son plus brillant combat.

Atteint près de Saint-Chapte, au lieu dit *les Devoirs de Martignargues*, par M. de la Jonquière qui arrivait à la tête de 600 hommes de la marine et de quelques compagnies de dragons, Cavalier, selon son habitude, fait une prière devant le front de ses troupes et range ses hommes en bataille. Arrivé à la portée de fusil, la Jonquière commande le feu. A cette décharge, les premiers rangs des Camisards tombent à plat ventre. Les soldats royaux, trompés par cette habile manœuvre et croyant morts tous les hommes tombés, chargent à la baïonnette. Les Camisards se relèvent, se précipitent contre les troupes royales et taillent en pièces fantassins et cavaliers. La Jonquière est assez heureux pour gagner Boucoiran, laissant sur le champ de bataille 25 officiers et 600 soldats. Cavalier n'eut que 2 morts et 10 blessés.

La défaite des royaux à Martignargues *causa la disgrâce de Montrevel, et elle fut cause qu'on envoya le maréchal de Villars à sa place.*

Seulement Montrevel se réserva de faire voir aux Camisards *comment il prenait congé de ses amis.*

A cette époque (avril 1704), Cavalier se trouvait à la tête de 900 hommes d'infanterie et de 100 cavaliers.

Ayant appris que le maréchal de Montrevel devait partir pour Montpellier, Cavalier se transporte du gros bourg de Boucoiran à Caveyrac. Le lendemain, 16 avril, il marche, ses huit tambours battant, ses trompettes et fifres sonnant, du côté de Nages. Il campe au pied du mamelon de Langlade, à deux pas de la route qui conduit de Nîmes à Sommières. Les Camisards s'abandonnent au repos quand le cri de *tue! tue!* les réveille en sursaut. C'est le commandant de Lunel, M. de Grandval, qui, à la tête de cinq compagnies de dragons, charge les protestants. La troupe de Cavalier, revenue de sa surprise, prend à son tour l'offensive et repousse les dragons qu'elle poursuit jusqu'à Boissières. Là, les cavaliers de Grandval, soutenus par le régiment de Charolais, résistent bravement et forcent les Camisards à se replier. A ce moment Cavalier voit déboucher dans la plaine, du côté de Saint-Cosme et de Caveyrac, les Suisses et les dragons de M. de Sandricourt, gouverneur de Nîmes, qui cherche à cerner les *enfants de Dieu*. Le chef des Camisards apprend en même temps que M. de Montrevel, parti de Sommières à neuf heures du matin, amenait 6 compagnies de dragons, une compagnie d'Irlandais, 300 hommes du régiment de Hainaut et 3 autres compagnies d'infanterie.

Que faire avec 900 fantassins et 100 cavaliers contre l'armée royale, qui compte 5,000 hommes et l'enveloppe de tous côtés?

Cavalier fait exécuter à sa troupe un rapide mouvement de rotation, qui met entre elle et l'ennemi une barrière naturelle, un ravin derrière lequel les Camisards ont un moment de répit. Un paysan lui conseille de s'échapper par le chemin de Soulorgues qu'il lui dit être libre. Arrivés au point d'embranchement de ce chemin avec la route de Nîmes, les protestants se trouvent pris entre deux feux, par les troupes de Grandval qui les poursuivent, et par les compagnies de Menon qui leur barrent le passage. Cavalier détruit cet obstacle et court à Nages.

Le danger devient plus imminent. Le cercle de fer formé par ses ennemis se resserre de minute en minute; il ne lui reste qu'un parti à prendre.

« Enfants, s'écrie-t-il en s'adressant à ses Camisards, nous sommes pris et roués vifs si nous manquons de cœur. Nous n'avons plus qu'un moyen : il faut se faire jour et passer sur le ventre à ces gens-là. Suivez-moi et serrez-vous. »

Il dit et, se mettant à la tête des siens, il se rue sur les troupes royales dont il enfonce la première ligne. Catinat et Ravanel culbutent un corps de dragons qui gardent le pont du Rosni. Les Camisards passent le torrent et, se couvrant des fossés et des bouquets de chênes qui s'éparpillent dans la plaine, ils parviennent à gagner les bois.

La lutte avait duré sept heures. Les Camisards s'étaient battus un contre cinq sur un champ de bataille qui comprenait plus de deux lieues d'étendue. Pas un seul n'avait demandé quartier.

Ce combat, qui n'avait cessé qu'à la nuit, coûtait à Cavalier 400 hommes, 100 chevaux et une grande partie des armes dont plusieurs Camisards s'étaient défaits dans la retraite.

« Ce chef, dit Villars dans ses *Mémoires*, agit dans cette journée d'une manière qui surprit tout le monde. Voir un homme de rien, sans expérience dans l'art de la guerre, se comporter dans les circonstances les plus épineuses et les plus délicates comme l'aurait pu faire un grand général; qui n'eût été surpris? »

L'échec essuyé dans la plaine de la Vaunage n'aurait pas complétement abattu Cavalier si Lalande ne lui avait encore tué 170 hommes quelques jours après dans le bois d'Euzet, et surtout si les miquelets, conduits par une femme qui trahit les protestants, n'avaient découvert la caverne qui servait de magasin général et d'hôpital aux enfants de Dieu. Trente Camisards blessés ou malades furent égorgés dans cette caverne; les sacs de blé, les farines, les tonneaux d'eau-de-vie, les légumes, les châtaignes, les pièces de lard fumé, les médicaments, les armes, les barriques de poudre, les sacs de soufre, de salpêtre et de charbon, toutes ces provisions entassées là furent pillées. Les ressources matérielles des Camisards étaient anéanties.

« La perte que je venais de faire à Nages, dit Cavalier dans ses *Mémoires*, était d'autant plus considérable qu'elle était irréparable, puisque j'avais perdu tout d'un coup une grande quantité d'armes, toute ma munition, tout mon argent, mais surtout un corps de soldats faits au feu et à la fatigue, et avec lesquels je pouvais tout entreprendre. Mais une dernière perte, celle de mes magasins, était la plus sensible; elle m'était plus fatale que toutes celles qui l'avaient précédée mises ensemble, parce qu'auparavant j'avais eu toujours quelque ressource pour me rétablir; mais alors je n'en avais aucune. Le pays était désolé, l'amitié de nos amis était refroidie, leurs bourses épuisées, cent bourgs ou villages saccagés ou brûlés, toutes les prisons pleines de protestants, la campagne déserte. Ajoutez à cela que le secours des réfugiés en Angleterre, toujours promis depuis si longtemps, ne venait pas, et que le maréchal de Villars était arrivé dans la province avec de nouvelles troupes. »

Des propositions de paix furent faites à Cavalier par son ancien maître Lacombe, de la part de Lalande, et par M. d'Aigalliers, gentilhomme protestant, au nom du maréchal de Villars. Le chef camisard prêta l'oreille à ces propositions et fit bien. Son coup d'œil militaire lui avait démontré que la résistance était désormais impossible, et son bon sens lui avait fait voir que, dans les circonstances critiques où il se trouvait, il était fort heureux pour son parti que Louis XIV voulût bien consentir à entamer les négociations.

Les conditions du traité furent arrêtées à Nîmes, dans le jardin des Récollets, entre Cavalier, MM. de Villars, de Bâville et de Sandricourt.

Plusieurs historiens ont accusé sa vanité et prétendu que Cavalier, fier de traiter d'égal à égal avec le vainqueur de Friedlingen, aurait trop facilement abandonné la cause protestante.

Pour se convaincre de l'habileté et de la justesse de raisonnement qui dicta la conduite de Cavalier dans cette circonstance, on n'a qu'à jeter un regard sur les tristes résultats qu'eurent la résistance obstinée de Roland, de Ravanel, de Catinat. Du 6 septembre au 25 octobre 1704, tous mirent bas les armes et s'enfuirent à l'étranger.

On a reproché encore à Cavalier de s'être soumis avant d'avoir obtenu la liberté de conscience pleine et entière. Pour détruire cette opinion, il ne s'agit que de lire le projet de traité remis par le chef camisard au maréchal, et les observations dont l'annota le conseil du roi. On voit que le premier article de la *Très humble requête des réformés du Languedoc au roi* porte en Ier article : « Qu'il plaise au roi de nous accorder la liberté de conscience dans toute la province, et d'y former des assemblées religieuses dans tous les lieux qui seront jugés convenables, hors des places fortes et des villes murées. » Et on lit en marge : « Accordé, à condition qu'ils ne bâtiront point d'églises. »

Le deuxième et le troisième article demandaient la liberté de tous les protestants détenus dans les prisons ou sur les galères depuis la révocation de l'Édit de Nantes, et le droit, pour tous ceux qui avaient abandonné le royaume pour cause de religion, d'y revenir librement et sûrement en obtenant le rétablissement dans tous leurs biens et privilèges. Ces deux articles portent en annotation : *Accordé, à condition qu'ils prêteront serment de fidélité au roi.*

Louis XIV ne fit pas honneur à la signature du maréchal de Villars son représentant, et n'accomplit pas toutes les promesses faites solennellement en son nom.

Le chef des Camisards se plaignit amèrement plus tard de ce manque de bonne foi.

Cavalier reçut le brevet de colonel et une pension de 1,200 livres. Il devait, avec son régiment formé de 734 Camisards, aller renforcer l'armée d'Espagne. Mais les Camisards ne voulurent pas le suivre.

Cavalier, découragé, quitta Nîmes le 21 juin 1704 et se rendit à Mâcon, où il reçut l'ordre d'aller à Versailles. Le roi voulut le voir, mais l'accueillit très froidement. De retour à Mâcon, il rassemble une nuit les quelques fidèles compagnons qui l'avaient suivi et s'enfuit en Suisse.

A Lausanne, des offres lui furent faites par Victor-Amédée de Savoie. Il accepta et servit jusqu'à la fin de la campagne. Il était colonel d'un régiment de réfugiés protestants.

De Savoie, Cavalier passa en Hollande, où il forma un nouveau régiment de réfugiés qu'il amena en Espagne. Là il commit la faute de se battre contre un régiment français sur une terre étrangère. Les Hollandais, les Anglais et les Espagnols avaient décidé de faire entrer Cavalier par les Pyrénées dans le Languedoc, où il devait rallumer la guerre. La perte de la bataille déconcerta ce plan.

Le chef des Camisards essaya encore une fois, mais aussi inutilement, de pénétrer en France par la frontière de Provence.

Cavalier, après ces échecs successifs, se retira en Angleterre, où, nommé gouverneur de Jersey, il employa ses loisirs à dicter ses Mémoires. Il mourut à Chelsea, en 1740.

Les protestants français qui jouissent aujourd'hui de la liberté religieuse doivent bénir la mémoire de celui qui eut le courage d'arrêter une main impitoyable, prête à anéantir le calvinisme. Ils doivent honorer le souvenir de cet homme extraordinaire qui, de petit berger des Cévennes, se trouva, sans avoir jamais servi, un grand général par le seul don de la nature, ainsi que le dit Malhesherbes, et qui, d'après M. G. de Félice, *mourut avec la réputation d'un bon général et d'un homme de bien.*

IX

JEAN CALAS

JEAN CALAS

JEAN CALAS

1698 - 1762

I

On lit dans les *Mémoires secrets de Bachaumont*, un des monuments les plus curieux de l'histoire littéraire au XVIIIe siècle, et sous la date du 6 août 1762 : « Il court dans le monde une lettre au sujet d'un nommé Calas, roué à Toulouse, pour avoir assassiné, dit-on, son fils par fanatisme de religion, etc. On prétend que ce père infortuné est innocent. Il est question de réhabiliter sa mémoire. On attribue à M. de Voltaire cette lettre, qui n'a pas la touche forte et pathétique dont ce sujet était susceptible en de pareilles mains. »

On rencontre encore dans le même ouvrage et à

la date du 15 du même mois ce nouveau renseignement : « M. de Voltaire, animé d'un esprit de charité des plus fervents, ne cesse d'écrire en faveur du roué de Toulouse. Il envoie des mémoires à toutes les personnes de considération, et ces nouvelles tentatives de sa part donnent lieu de croire que la première lettre est de lui. On ajoute qu'il offre d'aider de sa bourse la malheureuse famille de cet innocent. »

Quelle était cette intéressante victime en faveur de laquelle le grand redresseur de torts faisait un appel à la conscience de la France et du monde entier ?

Quel était ce puissant client que Voltaire venait défendre et à qui il prêtait toute l'autorité de son nom et la puissance de son talent ?

Cet homme dont le triste sort avait mis tant de pitié et d'indignation au cœur du patriarche de Ferney, ce Calas était un simple marchand d'indiennes de Toulouse, dont l'existence s'était écoulée honorable et sans bruit jusqu'au 30 octobre 1761.

Ce laborieux et modeste commerçant avait vécu sans tache jusqu'à l'âge de soixante-quatre ans. Son existence s'écoulait paisible entre sa femme, Anne-Rose Cabibel, qu'il avait épousée en 1731, et ses six enfants.

Jean Calas était protestant. Sa femme était née en Angleterre, de Français réfugiés. Quoique appartenant à un culte proscrit encore, les époux Calas jouissaient d'une tranquillité et d'une considération que leur avait valu parmi leurs concitoyens et leurs voisins une réputation sans tache.

II

Dès l'an 1760, un affaiblissement s'était fait sentir dans les persécutions religieuses. Les lois d'intolérance n'étaient pas abrogées ; mais, devant le flambeau de la raison allumé par Jean-Jacques Rousseau, Voltaire et les encyclopédistes, elles se cachaient honteuses et commençaient à tomber en désuétude.

Le bagne de Toulon, les prisons des diverses provinces avaient rendu un peu plus facilement, à partir de 1755, les coupables pour cause de religion qu'y avaient fait renfermer les terribles édits de Louis XIV. Plus d'un captif, plus d'une prisonnière de la tour de Constance, à Aigues-Mortes, devaient leur liberté à une lettre de Voltaire, à l'intervention des princes protestants, ou bien à une rançon de mille écus et de deux mille livres.

Dans ce siècle de scepticisme, Louis XV n'aurait pas voulu se montrer moins philosophe et par conséquent moins tolérant que les seigneurs de sa cour.

Malgré l'œuvre de réparation, il restait encore, en 1759, quarante et un galériens, dont le seul crime était d'avoir assisté aux assemblées du Désert. Tous les parlements ne pensaient pas comme le roi et ses ministres, et les prêtres ne reconnaissaient pas la tolérance comme une vertu. L'assemblée générale du clergé, en 1760, cherchait à ranimer le zèle catholique de Sa Majesté en ces termes : « Presque toutes les barrières opposées au calvinisme ont été successivement rompues. Des ministres, des prédicants, élevés dans des écoles hérétiques et chez des nations étrangères, ont inondé quelques-unes de nos provinces. Ils ont tenu des consistoires, des synodes, et n'ont cessé de présider à des assemblées, tantôt plus secrètes, tantôt plus solennelles. On y baptise, on y distribue la Cène, on y prêche l'erreur, on y marie. On ne demandait d'abord pour les calvinistes que de pouvoir célébrer dans une forme purement civile et profane leurs mariages ; et quoiqu'on feignît de se borner à cette permission, il était évident qu'elle conduirait par elle-même à la tolérance entière du calvinisme. Aujourd'hui on prêche plus haut cette tolérance ! »

Quoique ce langage ne respire pas une aménité évangélique irréprochable, on remarque que nous sommes déjà loin du temps où une des gloires intelligentes du grand siècle, Bossuet, faisant allusion à la sainte ardeur que le roi mettait à encourager les conversions par les dragonnades, s'écriait du haut de la chaire : « Touchés de tant de merveilles, épanchons nos cœurs sur la piété de Louis, poussons jusqu'au ciel nos acclamations. »

III

L'influence des philosophes était alors toute-puissante et, quoique lents, les progrès de la tolérance n'en étaient pas moins sensibles.

Cependant les parlements avaient repris sur l'autorité administrative la prépondérance dont les avait dépouillés Louis XIV, et leur rigueur systématique n'était pas toujours favorable aux protestants et aux libres penseurs.

Parmi les corps judiciaires du royaume, le parlement de Toulouse s'était toujours fait remarquer par ses terribles arrêts contre les réformés. Les nobles d'épée et de robe qui siégaient dans cette assemblée étaient imbus de préjugés traditionnels que les prêtres et les moines changeaient en barbares superstitions pour un peuple ignorant et fanatique.

Il était réservé à la ville de Toulouse, à la cité qui avait, en 1532, élevé l'un des premiers bûchers contre les réformés, de voir le supplice de la roue appliqué pour la dernière fois au criminel d'hérésie.

On était au mois d'octobre 1761. Toulouse pensait déjà à célébrer le second aniversaire séculaire de la *Délivrance,* le jubilé de cette Saint-Barthélemy du Midi qu'un puissant prélat voulait ressusciter dans la seconde moitié du dix-neuvième siècle.

C'est, on se le rappelle, le 17 mai 1562, dix ans avant la Saint-Barthélemy, que quatre mille huguenots avaient été égorgés sans pitié et que le parlement de Toulouse avait pris le commandement de cette boucherie et revêtu la croix blanche. De ce jour exécrable datait le triomphe du catholicisme dans la vieille capitale de l'hérésie et la *Délivrance.*

Le souvenir du massacre avait été perpétué par les capitouls qui avaient chargé le peintre Pierre Rivals de représenter, dans ses fresques de l'hôtel de ville, les bourgeois catholiques précipitant les protestants du haut des remparts et égorgeant femmes et enfants.

On allait préluder aux fêtes du jubilé sanguinaire par le supplice d'un pasteur de vingt-cinq ans, François Rochette; par la décollation de trois gentilshommes verriers, les frères Grenier, du comté de Foix, qui avaient essayé d'arracher le ministre protestant à ses bourreaux; et enfin par le supplice de l'infortuné Calas.

IV

Des quatre fils du marchand d'indiennes, Jean Calas, le troisième avait cherché dans une conversion le moyen d'échapper à l'autorité paternelle. Par ce moyen, Louis Calas avait obtenu le payement de ses dettes montant à 600 livres et une somme de 400 livres pour subvenir aux frais de son apprentissage. Plus tard le renégat ne craignit pas d'adresser au ministre un placet par lequel il réclamait à son père une pension alimentaire. Cette démarche lui valut une somme annuelle de 100 livres. Le fils ingrat menaçait, en cas de refus à ses demandes multipliées, de s'adresser *aux puissances* pour contraindre son père. Il s'appuyait sur l'arrêt du conseil, rendu le 3 novembre 1664, et non encore aboli, portant que les enfants convertis recevraient une pension alimentaire de leurs parents.

Malgré l'apostasie de Louis, malgré ses procédés outrageants, Jean Calas conserva pour ce fils la même affection. Lorsque le jeune homme avait manifesté l'intention de créer un établissement commercial, le père lui avait promis une somme de 3,000 francs en argent et le triple en marchandises.

Cette noble manière d'agir de la part de Jean Calas démontre combien peu son rigorisme protestant lui prescrivait la sévérité, la punition et surtout le crime.

Donat, le plus jeune, avait été envoyé en apprentissage dans une maison de commerce de Nîmes.

Il ne restait auprès des parents, à l'époque où le malheur vint fondre sur la famille, que Marc-Antoine, le fils aîné, et son frère Jean-Pierre.

Le seul chagrin des Calas, avant la terrible catastrophe dont ils devaient être victimes, était causé par l'humeur sombre et mélancolique de Marc-Antoine. L'éducation libérale qu'il avait reçue lui avait donné le goût du luxe, des instincts d'artiste. Ses aptitudes littéraires, sa facilité de parole portaient son ambition vers la profession d'avocat. Son père s'était imposé de lourdes dépenses pour lui faire étudier le droit et l'amener à passer ses examens de licence. Malheureusement toutes les carrières libérales étaient alors interdites aux réformés, et surtout celle d'avocat. Marc-Antoine, qui avait souvent reproché à Louis son abjuration, ne voulut pas acheter le droit de défendre la veuve et l'orphelin au prix d'une conversion qu lui paraissait honteuse. Il retourna au comptoir du marchand d'indiennes et se mit à aider son père dans son négoce.

Malgré tout son courage, Marc-Antoine se sentait déclassé dans le commerce, et les succès oratoires de ses condisciples l'empêchaient de dormir.

Le découragement s'empara de son âme et son ardente imagination se mit à creuser l'idée du suicide.

Le dégoût du commerce l'amena bientôt à s'étourdir dans le jeu et dans la dissipation. Il fréquenta le jeu de paume et le café des *Quatre Billards* où se réunissaient les jeunes débauchés de Toulouse. Toutes ces surexcitations ne parvenaient pas cependant à le distraire de sa tristesse et de sa taciturnité.

Dans la soirée du 12 octobre, Jean Calas, le père, avait retenu à dîner le fils d'un de ses amis qui, arrivé de Bordeaux le matin et à la veille de partir pour Saint-Domingue, était venu pour faire ses adieux à ses parents. François Gobert de Lavaysse avait eu l'intention d'aller retrouver son père à Caraman, où celui-ci était à visiter un vaste domaine qu'il possédait; mais n'ayant pu trouver un cheval, à cause du travail des vendanges, il s'était vu dans l'obligation de remettre son voyage au lendemain.

Pendant le dîner, Marc-Antoine fut taciturne

comme à l'ordinaire, mangea peu et but assez copieusement. Après le dessert, il se retira ainsi qu'il le faisait tous les jours et son départ ne surprit personne. A neuf heures et demie Gobert de Lavaysse songea à se retirer, et après avoir fait ses adieux à M. et à Madame Calas, il descendit avec Pierre.

Une singularité frappa Lavaysse. La porte qui de la boutique ouvrait sur l'allée se trouvait ouverte. Gobert en fit l'observation à Pierre qui, s'étant avancé pour se rendre compte de cette anomalie, aperçut avec terreur le corps d'un homme pendu à une corde à double nœud coulant. La corde était attachée à un gros bâton dont chaque extrémité portait sur un battant de la porte communiquant du magasin à l'arrière boutique.

Cet homme pendu n'était autre que Marc-Antoine. Aux cris de terreur et de désespoir poussés par les deux jeunes gens, Calas père se hâte de descendre, voit l'affreux spectacle qui se présente à ses yeux et éclate en sanglots. Le vieillard a cependant la présence d'esprit d'envoyer Pierre chercher un chirurgien, et assez de courage pour soulever le corps de Marc-Antoine dans ses bras et de le coucher sur des ballots d'indiennes.

Madame Calas et sa servante la Viguière descendent alors, et tous cherchent à ranimer le cadavre de Marc-Antoine.

Le chirurgien arrive, mais toute sa science est inutile et il ne peut que constater la mort. Dans cette extrémité, les malheureux parents, se rendant compte de l'ignominie que cette mort volontaire allait jeter sur la famille, s'empressent de faire disparaître toutes traces du suicide.

La loi punissait alors le suicide des peines les plus ignominieuses. Elle faisait le procès au cadavre qui, après le jugement, était traîné nu sur la claie, exposé aux injures de la populace et amené à un gibet où on le pendait. Les biens du suicidé étaient confisqués au profit du roi.

Les Calas ne voulurent pas subir cette honte et employèrent tous les moyens pour faire croire à la foule accourue à leurs cris que leur fils était mort assassiné. Ce pieux mensonge devait les perdre.

« Le mensonge est en ce cas, dit Voltaire, une piété paternelle; nul homme n'est obligé de s'accuser soi-même, ni d'accuser son fils; les Calas n'ont fait que ce qu'ils ont dû faire. »

Quelque louable que fût la déclaration des Calas, elle n'en eut pas moins les plus tristes conséquences.

Les capitouls, David de Beaudrigue et Lagane, s'étaient rendus dans la rue des Filetiers et avaient voulu constater par eux-mêmes la mort de Marc-Antoine. Ils avaient retrouvé, derrière le comptoir du magasin, la corde au moyen de laquelle il s'était pendu. Ne pouvant admettre que le billot (gros bâton qui avait supporté la corde et le corps) eût pu tenir sur les deux battants ouverts de la porte et écartant alors l'idée de suicide, ils avaient cru à un assassinat, d'autant plus que les Calas, malheureusement, les poussaient par leur dire à accepter cette version.

S'il y avait assassinat, quel était l'assassin?

Une voix sortie de la populace ameutée se chargea de répondre. Elle accusa Jean Calas père d'avoir étranglé son fils pour prévenir son abjuration. Il n'en fallait pas davantage, dans ces temps de surexcitation religieuse, pour faire admettre par tous la culpabilité des Calas. Les capitouls furent les premiers à accepter l'accusation et sur leur ordre Jean Calas, sa femme, Pierre leur fils, Lavaysse leur ami et la servante la Viguière, furent arrêtés et amenés dans les prisons de l'hôtel de ville.

Le parlement et l'archevêque de Toulouse, occupés alors du procès de Rochette et des gentilshommes verriers, ne voulurent pas laisser échapper une si belle occasion de signaler une fois de plus leur zèle fanatique.

L'instruction commença, et comme la règle suivie alors en justice était que le juge devait repousser tout témoignage qui s'offrait, le procureur du roi en la ville et sénéchaussée de Toulouse lança un *monitoire*, accordé par l'archevêché et dans lequel tous les témoignages étaient requis par l'autorité judiciaire.

Ce monitoire, qui adoptait sans hésitation les bruits populaires et écartait d'avance l'idée du suicide, somme tous les vrais catholiques de révéler ce qu'ils savent à la charge des accusés, sous peine d'excommunication.

Les bruits populaires répétés dans cette pièce curieuse étaient que *Marc-Antoine Calas aîné avait renoncé à la religion prétendue réformée, qu'il assistait aux cérémonies de l'Église catholique et romaine et qu'il devait faire abjuration publique le 13 du présent mois d'octobre; qu'à cause de ce changement de croyance, le sieur Marc-Antoine était menacé, maltraité et regardé de mauvais œil dans sa maison; que la personne qui le menaçait lui aurait dit que s'il faisait abjuration publique, il n'aurait d'autre bourreau que lui; que sa mère, femme qui passait pour attachée à l'hérésie, excitait son mari à de pareilles menaces et menaçait elle-même Marc-Antoine Calas; qu'une délibération s'était tenue, le 13 du mois courant au matin, dans une maison de la paroisse de la Daurade, où la mort de Marc-Antoine Calas avait été résolue ou conseillée; que le même jour, depuis l'entrée de la nuit jusque vers dix heures, cette exécrable délibération avait été exécutée en faisant mettre Marc-Antoine Calas à genoux, qui, par surprise ou par force, fut étranglé ou pendu avec une corde à deux nœuds coulants ou baguelles, l'un pour étrangler, et l'autre pour être arrêté au billot, servant à serrer les balles, au moyen desquels Marc-Antoine Calas fut étranglé et mis à mort par suspension ou par torsion.*

La première illégalité dont devait être frappé ce monitoire, c'est qu'il devait être signé d'un juge de la juridiction ecclésiastique contentieuse et non pas de l'évêque ou de son vicaire.

La seconde, c'est que cette pièce ne devait pas seulement imposer la révélation aux témoins à charge et ordonner par conséquent le silence aux autres.

Enfin le monitoire supposait illégalement l'assassinat de Marc-Antoine sans admettre la possibilité du suicide, et admettait comme prouvé tout ce qui était à éclaircir.

La justice, défendant elle-même la mémoire de Marc-Antoine du crime de suicide, la superstition en fit un martyr.

Le 7 novembre, un dimanche, quarante prêtres vinrent faire à l'hôtel de ville la levée du corps de Marc-Antoine, le portèrent à l'église Saint-Étienne et l'ensevelirent en terre sainte.

Un service solennel fut également célébré dans la chapelle des Pénitents blancs, qui tendirent l'église de blanc et placèrent au sommet d'un superbe catafalque un squelette tenant d'une main la palme du martyre et de l'autre une banderolle sur laquelle on lisait : *Abjuration de l'hérésie.*

Malgré le monitoire, malgré cet appel aux passions religieuses, les preuves n'arrivaient pas. Il fallut fulminer le monitoire. Par cette fulmination *les coupables, les participants et ceux qui avaient connaissance des faits contenus au monitoire et ne les révélaient pas allaient être dénoncés publiquement au peuple comme excommuniés.*

« De nombreux témoins se présentèrent, dit la *Biographie universelle*, plutôt comme les échos d'une accusation que comme des accusateurs directs. » Un seul, M⁹ Chalier, osa attester que Marc-Antoine Calas était resté fidèle à la religion réformée.

Jean Calas père, accablé de douleur, repoussa, dans ses interrogatoires, l'accusation avec indignation et fermeté. Madame Calas se montra non moins ferme, mais guidée par plus de justesse d'esprit, elle fut toujours plus habile que son mari. Pierre fit preuve de résignation; Lavaysse et la servante la Viguière, catholique fervente, furent inébranlables dans l'affirmation de l'innocence de Calas et d'eux-mêmes.

Mais les capitouls étaient pris de préventions obstinées et voulaient une condamnation.

Le consistoire, composé de sept juges, de trois assesseurs et de quatre capitouls se réunit le 18 novembre. Son rapporteur, Carbonnel, opina pour le relaxe des accusés et demanda que le procès fût fait à la mémoire de Marc-Antoine Calas, comme mort par le suicide. Le rapporteur fut seul de son avis.

Après délibération, voici la sentence qui fut rendue :

« Ce jourd'hui 18 novembre 1761,

« Par notre présente sentence, sur les délibérations du courant, avant dire définitivement droit aux parties, ordonnons que Jean Calas père, Jean-Pierre Calas, fils cadet, et Anne-Rose Cabibel, épouse dudit Calas, seront appliqués à la question ordinaire et extraordinaire, et que François-Alexandre Gaubert Lavaysse et Jeanne Viguière, servante desdits Calas, seront seulement présentés à la question, pour ensuite, sur le rapport fait du verbal de la torture, être dit droit aux parties, ainsi qu'il appartiendra, dépens réservés définitivement ;... et ont signé Roques de Rochon, David de Beaudrigue, Chirac, Boyer, Ferluc et Labat, juges ; Carbonnel, rapporteur. »

Les accusés en appelèrent de cette décision au parlement et contre le monitoire comme d'abus.

L'arrêt des capitouls fut infirmé. L'appel contre le monitoire fut rejeté. La cause fut retenue et le procès se suivit au bureau de la grand'chambre. Le rapport de l'affaire fut confié au conseiller de Cassan-Clairac.

En attendant le résultat du nouveau procès, les prévenus furent chargés de fer et passèrent tout l'hiver dans un cachot.

Les nouveaux débats s'ouvrirent devant la chambre de la Tournelle; treize juges faisaient partie de cette chambre :

Présidents, Du Puget et de Senaux;

Rapporteur, Cassan-Clairac;

Doyen, de Bojat;

Conseillers, Cassan-Gotte, d'Arbon, Goudougnan, de Lasbordes, Cambon, Gauran, Desinnocents, de Boissy, Miramont.

L'arrêt fut prononcé après dix séances.

Malgré le courage, le dévouement, la science et le talent de l'avocat Sudre, malgré les mémoires qui furent *tous* publiés en faveur des accusés, Jean Calas fut condamné, à la majorité strictement nécessaire de huit voix contre cinq, à subir la question ordinaire et extraordinaire, à être rompu vif et ensuite à être exposé sur une roue *tout autant qu'il plaira à Dieu de lui donner la vie*.

La sentence condamnait en outre *ledit Calas*

père à faire amende honorable devant la porte principale de l'église Saint-Étienne de Toulouse, tête, pieds nuds, en chemise, ayant la hard au col et étant à genoux.

En outre, son corps devait être jeté après le supplice dans un *bûcher ardent pour y être consommé et ensuite les cendres jetées au vent.*

Calas était encore condamné à *cent sols d'amende envers le roy* et à la confiscation de ses biens qui étaient acquis à qui de droit et dont la troisième partie était réservée à sa femme et à ses enfants.

L'exécution eut lieu le lendemain, le 10 mars 1762.

Après avoir subi la question ordinaire et extraordinaire de l'eau en protestant toujours de son innocence, et de celle des siens, Jean Calas fut amené sur l'échafaud dressé sur la place Saint-Georges. Quand ses os craquèrent sous le premier coup de la barre de fer, il jeta un grand cri ; les autres coups ne lui arrachèrent pas une seule plainte. Son agonie dura deux heures. « Mon Dieu, disait-il, pardonnez à mes juges ; ils auront été trompés par de faux témoins. »

Si Calas leur a pardonné, la postérité les a jugés à leur tour et les a condamnés comme infâmes.

Le bourreau eut pitié de lui et l'étrangla.

« Il est mort comme mouraient nos martyrs, »

dit un des moines qui avaient assisté à l'exécution de Jean Calas.

V

Jean Calas était mort; mais restait sa famille.

Le peuple, ému par le supplice du martyr, oubliait déjà son fanatisme et doutait de l'infaillibilité des juges.

Riquet de Bonrepos s'acharna en vain après la veuve Calas, .Pierre et Lavaysse qu'il voulait encore faire pendre, et après la Viguière qu'il se contentait de vouloir enfermer sa vie durant dans un quartier de l'hôpital.

Pierre seul fut condamné, par un nouveau jugement du 18 mars, au bannissement, et encore ne lui en imposa-t-on que le simulacre. Sorti par une porte de Toulouse il rentra par l'autre et fut conduit au couvent des Jacobins où on devait travailler à sa conversion. Il eut le bonheur de s'échapper et d'arriver à Genève où il retrouva son frère le plus jeune qui avait quitté Nîmes.

Les deux filles de Jean Calas, Rose et Anna, absentes de Toulouse la nuit du crime, furent arrêtées et mises au couvent de la Visitation.

Mais là devaient s'arrêter les persécutions odieuses. Le plus terrible adversaire du fanatisme religieux, Voltaire, ayant appris le supplice de Calas se fit présenter Pierre et Donat Calas et prit leur cause en main.

Le 4 avril, le patriarche de Ferney écrivait à Damilaville : « Il est avéré que les juges toulousains ont roué le plus innocent des hommes. Presque tout le Languedoc en gémit avec horreur. Les nations étrangères, qui nous haïssent et qui nous battent, sont saisies d'indignation. Jamais, depuis le jour de la Saint-Barthélemy, rien n'a tant déshonoré la nature humaine. Criez et qu'on crie. »

Voltaire avait raison de crier et de vouloir faire crier les autres contre les jugements iniques et précipités. S'il y avait toujours dans le monde des voix puissantes pour dénoncer les abus de pouvoir, l'humanité n'aurait pas à enregistrer toutes les injustices qui font sa honte.

Voltaire s'adressa au chancelier Lamoignon, à l'avocat Élie de Beaumont. Sous son infatigable impulsion, Mariette et Loiseau de Mauléon publièrent des Mémoires. Les encyclopédistes et Paris avec eux se mirent à l'œuvre et tout le monde remplit si bien son devoir de solidarité que, le 4 juin 1764, le bureau des cassations au conseil du roi *cassa les arrêts et sentences des capitouls et du parlement de Toulouse, évoquant à soi le procès.*

Le 9 mars 1765, un tribunal de maîtres des requêtes déclara à l'unanimité Calas innocent; son nom fut réhabilité et ses biens rendus à sa famille.

Louis XV accorda à la veuve Calas une gratification de 12,000 francs; 6,000 francs à chacune de ses filles; 3,000 à ses fils; 3,000 à la servante et 6,000 pour les frais de voyage et de procédure.

Beaucoup veulent ne voir dons les efforts de Voltaire qu'une misérable intrigue et refusent un peu de cœur et de conviction à un homme qui avait l'esprit aussi droit.

Mais si Voltaire n'avait pas *tant crié*, pense-t-on que Calas serait aujourd'hui réhabilité?

Sans le cri de Voltaire, M. Plougoulm n'aurait peut-être pas eu la curiosité d'étudier la triste et douloureuse procédure de Jean Calas, *de la lire de ses yeux, depuis la première jusqu'à la dernière ligne*. Sans cet appel, l'ex-procureur général de Toulouse et de Rennes n'aurait pas eu l'occasion de rassurer la postérité par ces mots prononcés à la rentrée de la cour royale de Rennes en 1843 : « Oui, j'aime à le proclamer, dans toutes ces pièces (le procès de Calas), dans tous ces témoignages, ces monitoires, je n'ai rien découvert, pas un fait, pas un mot, pas l'ombre d'une preuve, d'un indice, qui explique cette épouvantable erreur; RESTE LE FANATISME QUI EXPLIQUE TOUT. »

X

J.-J. ROUSSEAU

J.-J. ROUSSEAU

J.-J. ROUSSEAU

1712 - 1778

I

Jean-Jacques Rousseau a élevé à la France son plus admirable monument littéraire. L'immortel écrivain a touché à tous les genres, et chacune de ses œuvres porte l'empreinte d'une incomparable supériorité. Sous sa plume magique la langue française reste majestueuse comme aux beaux jours du dix-septième siècle, mais elle devient en même temps passionnée et ardente, et tout ensemble énergique et attendrie, fière et onctueuse. Personne n'a justifié autant que Rousseau le mot de Vauvenargues : « Les grandes pensées viennent du cœur. »

Jean-Jacques avait près de quarante ans lorsque

se produisit en lui l'étrange phénomène qui développa tout d'un coup ses étonnantes facultés. Sa délicate et nerveuse nature ne résista qu'à peine au tumultueux éveil de son génie. Cette foudroyante visite de l'esprit qui révéla Rousseau à lui-même, lorsque déjà sa vie traînait après elle un irréparable passé de défaillances et de contradictions, ne transfigura en quelque sorte que son être intérieur; l'homme resta faible et malheureux. Un grand nombre des contemporains de Jean-Jacques se crurent dispensés de le plaindre parce qu'ils l'admirèrent. L'enthousiasme étouffa la pitié!

Rien n'est plus regrettable sans doute que les erreurs dans lesquelles tomba le glorieux citoyen de Genève, mais si on a le droit de blâmer un tel homme, il faut oser élever le sentiment de la justice jusqu'au pardon et à l'oubli du mal. Les chutes de Rousseau furent profondes, mais il les racheta par de prodigieux élans; si bas qu'il soit descendu, il est monté plus haut encore!

De sublimes séductions éblouirent ce puissant esprit, aussi incapable de régler sa force que de la contenir. Fidèle dans la sincérité de son cœur à sa devise : VITAM IMPENDERE VERO, Jean-Jacques consacra sa vie à la recherche de la vérité, mais la nature même de son génie le condamna souvent à ne rencontrer que la brillante chimère de l'idéal.

S'il est vrai que sous une plume enchanteresse

les utopies revêtent une forme qui les rend plus dangereuses, ne peut-on pas ajouter que Rousseau avait une excuse qui manquait à beaucoup de ses émules, et que la générosité de ses aspirations ne saurait être l'objet d'un doute ?

Qui défendit plus ardemment que lui, parmi les penseurs du dix-huitième siècle, les droits et l'honneur de l'humanité ? Ne se montra-t-il pas dans tous ses ouvrages l'adepte convaincu des idées spiritualistes ? Quels furent ses adversaires et ses ennemis ? Les sophistes qu'importunait toute loi morale dont la source échappait aux lumières de la raison humaine, qui ne voyaient dans les splendeurs de la création que la puissance aveugle de la matière.

Roussau fut un croyant ; le culte de la Divinité fut un besoin impérieux de son âme. M. Villemain l'appelle un chrétien selon saint Jacques : le Christ a-t-il ôté à son apôtre le titre qu'il lui avait donné ?

II

Arrière-petit-fils d'un libraire de Paris, qui, ayant embrassé la Réforme, se réfugia, du vivant même de Calvin, à Genève, où les droits de bourgeoisie lui furent conférés en 1555, Isaac Rousseau exerçait dans la Grand'-Rue de la cité genevoise la profession d'horloger. C'est là que sa femme, Suzanne Bernard, qui descendait comme lui d'une famille française et calviniste, mit au monde le 28 juin 1712 un fils qui, le 4 juillet suivant, reçut dans le temple Saint-Pierre les prénoms de Jean-Jacques. Trois jours après ce baptême, Suzanne mourut des suites de ses couches. Elle n'avait eu que deux enfants : François Rousseau, né en 1705, et le futur auteur de la *Profession de foi du Vicaire savoyard*.

A huit ans, Jean-Jacques apprit par cœur les récits de Plutarque; à dix ans, il fut placé sous la tutelle du frère de Suzanne Bernard, son père s'étant volontairement exilé à la suite d'un duel. Bernard conduisit son neveu à Bossey, et le confia au ministre Lambercier qui lui enseigna les éléments de la langue latine. Un châtiment immérité lui ayant été infligé, Rousseau quitta son trop sévère instituteur et retourna chez son oncle. Le moment approchait où il devenait nécessaire de choisir un état. Jean-Jacques voulait entrer au séminaire, mais son tuteur opta pour une profession plus lucrative que celle de ministre. Il fut décidé que le jeune homme serait horloger comme son père, ou procureur. Un greffier se chargea de lui inculquer les principes d'une science qu'il possédait à fond, mais la procédure inspira un médiocre intérêt à un enfant qui ne se plaisait qu'à évoquer les souvenirs d'Athènes et de Rome; les disciples de Cujas disparaissaient devant les héros de Plutarque. La prosopée de Fabricius était déjà à l'état latent dans la tête de Jean-Jacques.

Placé comme apprenti graveur en horlogerie chez Abel Ducommun, le jeune Rousseau fut en butte aux mauvais traitements de son nouveau maître. Lassé d'être injurié et battu, il s'enfuit de Genève (mars 1728).

C'est alors que commença cette longue période de pérégrinations à l'aventure, cette existence livrée à tous les caprices et à tous les dangers du hasard. Après quelques jours de courses vagabondes, le maheureux enfant, épuisé, affamé, alla frapper à la porte de la cure de Confignon. Le curé prit soin de lui, et ne demanda en retour de ses bontés que la conversion du jeune hérétique. Sans asile et sans pain, Jean-Jacques ne fit aucune objection aux instances de celui qui lui fournissait généreusement abri et nourriture. Muni d'une lettre du curé, il partit pour Annecy, où il était recommandé par sa missive aux bonnes grâces d'une personne « bien charitable » nommée Madame de Warens. Celle-ci lui fit un accueil qui aurait triomphé de ses scrupules s'il en avait eu. Madame de Warens était une charmante veuve de 28 ans; c'était une femme spirituelle, dont le cœur valait mieux que la conduite. Vaudoise et calviniste de naissance, elle était venue se fixer en Savoie, et avait embrassé la religion catholique. Elle s'empressa de présenter son jeune protégé à l'évêque d'Annecy, qui envoya Jean-Jacques à Turin pour y être catéchisé. C'est dans la capitale du Piémont que celui-ci abjura publiquement le culte réformé, après quinze jours d'enseignement reçu à l'hospice des Catéchumènes (27 avril 1728).

Jean-Jacques avait moins de seize ans lorsque, pour ne pas mourir de faim, il abandonna la religion de ses pères; choyé par ceux qui avaient préparé son abjuration, le malheureux enfant ne doutait pas qu'on ne continuât à pourvoir à ses besoins. L'illusion qui entretenait son ingénu égoïsme se dissipa bientôt. L'intérêt du prosélytisme avait atteint son but, et le jeune converti cessait d'avoir droit à la bienveillante sollicitude prodiguée au néophyte. Le lendemain de sa conversion, Jean-Jacques se trouva sans pain et sans appui. Alors se déroula l'odyssée déplorable dont les premiers livres des *Confessions* contiennent le récit. Il n'est au pouvoir de personne d'effacer ces pages éloquentes et amères, puisque Rousseau les a écrites, puisque sa plume brûlante a rappelé un passé que la haine de ses plus violents ennemis n'eût dévoilé qu'en soulevant l'indignation et l'incrédulité...

La conscience de Rousseau sommeillait pendant cette triste période de sa vie. Son génie n'avait pas encore brisé son enveloppe. Jean-Jacques n'étudia jusqu'à l'âge de quarante ans, avec quelque assiduité et même avec passion, que la musique. Il ne dépendit pas de lui que la notation usuelle ne fût remplacée par le chiffre. Si l'on tient compte de l'état dans lequel se trouvait alors la science musicale, on considérera comme une œuvre d'une importance véritable son *Dictionnaire de musique* qu'il publia d'abord en détail dans de nombreux articles que Diderot et d'Alembert lui demandèrent pour l'*Encyclopédie*. Ce *Dictionnaire* a servi de point de départ à tous les travaux des théoriciens de l'harmonie. L'opéra du *Devin de village*, dont Rousseau composa les paroles et la musique, est resté populaire; Grétry et ses successeurs n'ont fait que suivre la voie que Jean-Jacques avait ouverte.

III

L'auteur du *Devin* avait débuté avec éclat dans les lettres lorsque cet ouvrage fut représenté. Son coup d'essai avait été un coup de maître. C'était en 1740. L'Académie de Dijon avait mis au concours cette question : « Si le rétablissement des sciences et des arts a contribué à épurer les mœurs ? » Jean-Jacques raconte lui-même comment il « devint auteur presque malgré lui » :

« J'allais voir Diderot, alors prisonnier à Vincennes ; j'avais dans ma poche un numéro du *Mercure de France*, que je me mis à feuilleter le long du chemin. Je tombe sur la question de l'Académie de Dijon, qui a donné lieu à mon premier écrit. Si jamais quelque chose a ressemblé à une inspiration subite, c'est le mouvement qui se fit en moi à cette lecture : tout à coup je me sens l'esprit ébloui de mille lumières ; des foules d'idées vives s'y présentent à la fois avec une force et une confusion qui me jeta dans un trouble inexprimable ; je sens ma tête prise par un étourdissement semblable à l'ivresse. Une violente palpitation m'oppresse, soulève ma poitrine ; ne pouvant plus respirer en marchant, je me laisse tomber sous un des arbres de l'avenue, et j'y passe une demi-heure dans une telle agitation, qu'en me relevant j'aperçus tout le devant de ma veste mouillé de mes larmes, sans avoir senti que j'en répandais [1]... »

[1] Lettres à M. de Malesherbes, lettre II (Montmorency, 12 janvier 1762).

C'est dans ces termes que Rousseau parle de l'eclosion de son génie. La sève, longtemps comprimée, déborde, et le *Discours* que Jean-Jacques envoie à l'Académie étonne et fascine les juges du concours. Sa thèse brisait avec les idées généralement admises ; elle démontrait avec une éloquence passionnée que l'influence des arts et des sciences sur les mœurs avait été funeste. C'était sans aucun doute un paradoxe, mais la verve et l'énergie de l'écrivain prêtaient à chacun de ses arguments une puissance étrange et irrésistible. Le discours de Jean-Jacques fut couronné, et le lauréat passa par une transition soudaine de l'obscurité inconnue à une éclatante renommée.

L'Académie de Dijon ouvrit peu de temps après un deuxième concours ; l'*Origine de l'inégalité parmi les hommes,* tel était le sujet proposé aux concurrents. Rousseau reprit la plume et écrivit un discours que les juges admirèrent sans oser lui décerner le prix. C'est que dans cette œuvre Rousseau dévoile une hardiesse de pensées qui fait pressentir l'auteur du *Contrat social*. En proclamant les principes nouveaux sur lesquels il voulait asseoir la constitution des sociétés, il ne prenait pas, comme Montesquieu dans l'*Esprit des Lois,* dont l'apparition était récente, la précaution d'enfouir ses doctrines et ses maximes dans un long ouvrage d'exposition analytique ; il posait la question de la forme du gouvernement, et il la tranchait sans tenir plus de compte du droit de possession que des préjugés. Il ne se bornait pas à la critique des institutions qu'il combattait, à l'examen du système politique qu'il jugeait le meilleur. L'homme transparaissait à travers l'écrivain, et l'amertume qui était dans le cœur de Jean-Jacques imprégnait ses axiomes d'une virulente âcreté. « On sent, dit M. Villemain, cité par MM. Haag[1], l'irritation d'un homme supérieur tenu longtemps en dehors de la société; il y a le souvenir de sa misérable jeunesse d'apprenti, de sa fuite sans asile et sans pain, de sa *conversion forcée*, de ses métiers de laquais, de séminariste, de pauvre musicien, de trucheman d'un moine quêteur, de copiste, de secrétaire, et enfin de commis de caisse à Paris, sans pouvoir arriver à rien qu'à vivre à force de travail. Tant de peines et de mécomptes avaient agi sur l'âme de Rousseau... » Et, en effet, dans sa jeunesse que nous n'avons pas eu le courage de raconter, Rousseau avait traversé toutes ces épreuves et d'autres encore.

---

[1] *La France protestante*, XVIIe partie (tome IX).

IV

Le nouveau discours de Jean-Jacques n'eut pas besoin de laurier académique pour produire une sensation extraordinaire. L'Europe entière retentit du nom de son auteur. Rousseau pendant ce même temps entretenait à Paris une polémique musicale qui devint si ardente, qu'il crut ne pouvoir apaiser les clameurs de ses adversaires qu'en s'éloignant du champ clos. Il avait fait hommage de son discours sur l'*Inégalité* à la république de Genève, et sa ville natale lui préparait un accueil dont il avait hâte d'aller savourer le charme. L'enthousiasme que firent éclater ses concitoyens à son arrivée dépassa son attente. Sur sa demande on lui rendit ses droits de cité et de bourgeoisie qu'il avait perdus par son abjuration. Le premier août 1754, il rentra dans l'Église protestante, dont il était séparé de fait depuis vingt-six ans.

Pourquoi ne demeura-t-il pas à Genève au milieu d'une population qui l'aimait et l'admirait, qui était fière de lui comme du plus illustre de ses membres, qui jouissait d'un gouvernement dont il allait affirmer l'excellence dans son *Contrat social?* Par quelles influences tant de sympathies, tant de considérations sérieuses se trouvaient-elles combattues? Il faut ici, quelque regret qu'on y ait, parler de l'indigne femme que Rousseau s'était donnée pour compagne, de cette Thérèse[1] dont la triste personnalité sut façonner à un joug indigne un esprit qu'obsédait l'idée fixe de son indépendance. Isoler Jean-Jacques pour mieux le dominer, lui faire abandonner un milieu où il rencontrait des sympathies ardentes, des admirations enthousiastes, tel fut le but de cette femme.

Rousseau quitta Genève et alla se fixer à l'Ermitage, où Madame d'Épinay lui avait préparé une retraite charmante (9 avril 1756). Avec la solitude, Rousseau croyait avoir enfin trouvé le repos, mais sa nature même, irritable et ombrageuse, s'opposait à ce qu'il le trouvât jamais. Jusqu'à son dernier jour, il devait continuer à voir « changer le visage de ses hôtes. » Sorti de l'Ermitage, le 15 décembre 1757, il fit à Mont-Louis un séjour de dix-huit mois, au bout desquels le maréchal de Montmorency mit à sa disposition une partie du petit château de ce nom.

Les agitations de cette vie errante ajoutèrent beaucoup à la prédisposition organique qui chargeait de mélancolie l'âme de Jean-Jacques, mais le spectacle de la nature, en déroulant devant ses

[1] « Marie-Thérèse Le Vasseur, née à Orléans, le 21 septembre 1721. » (Haag.)

yeux des tableaux toujours renouvelés et toujours magnifiques, avait ouvert à son génie de vastes horizons. D'impérissables chefs-d'œuvre, rapidement enfantés, attestèrent bientôt la toute-puissance du penseur et de l'écrivain.

La *Lettre sur la Providence*, la *Lettre à d'Alembert sur les spectacles*, furent les préludes éloquents qui annoncèrent la *Nouvelle Héloïse*. A l'apparition de ce dernier ouvrage, une immense acclamation plaça Rousseau à côté de Voltaire. Les Anglais, si fiers à juste titre des succès de Richardson, de Sterne, de Fielding, accueillirent, avec autant d'enthousiasme que les Parisiens, le roman de Jean-Jacques. La traduction anglaise de la *Nouvelle Héloïse*, éditée presque en même temps que la publication originale (1760-1761), donna lieu à d'innombrables adresses admiratives que les salons littéraires de Londres, d'Édimbourg, etc., s'empressèrent d'envoyer à l'auteur. Pas une ville de la Grande-Bretagne, où des lectures publiques du nouveau chef-d'œuvre ne fussent organisées. *Lovelace* et *Clarisse Harlowe*, furent jaloux à bon droit de *Saint-Preux* et de *Julie*.

V

Ce fut au milieu de l'enivrement de son

triomphe que Jean-Jacques livra à l'impression une œuvre d'un caractère tout différent : le *Contrat social*. On a dit de ce livre qu'il avait restitué ses droits au genre humain. Aujourd'hui, on est généralement porté à le juger, bien moins sur les principes qu'il développe, sur les théories qu'il expose, que d'après les conséquences contradictoires, les systèmes inconciliables que chaque opinion s'est efforcée d'en tirer. Rousseau avait conçu le premier plan de son ouvrage bien longtemps avant de l'écrire. Pendant le séjour qu'il fit à Venise en 1744, il avait curieusement comparé aux institutions de Genève, celles qui régissaient la république des doges, et lorsqu'en 1762 il saisit la plume, le souvenir de cet examen se représenta à sa mémoire, fécondé par le temps.

Ce que n'avait pas osé faire Montesquieu qui, dans l'*Esprit des Lois*, s'était servi de l'analyse pour voiler sa pensée, Rousseau le fit avec hardiesse. Il procéda par affirmations. Il traça dans une puissante synthèse les lois d'après lesquelles devaient être gouvernées les nations. Chose étrange ! le livre de Jean-Jacques ne suscita à son auteur d'implacables persécutions que dans le pays dont il s'enorgueillissait de se dire le citoyen. Genève, dominée alors par l'influence aristocratique, condamna solennellement le *Contrat social*, qui démontrait l'excellence de l'aristocratie. Il est vrai que le gouvernement genevois était devenu le partage exclusif d'une oligarchie de plus en plus restreinte, et qui se décernait à elle-même les attributs d'une souveraineté indiscutable. Rousseau comprenait autrement que la faction prépondérante à Genève la mission de l'aristocratie dont il faisait le mandataire élu de la cité, l'exécuteur des décrets émanés de la puissance législative.

Ces colères eurent bientôt une nouvelle occasion d'éclater plus violemment. Paris, cette fois, donna la main à Genève. Le parlement, la Sorbonne, l'archevêque Christophe de Beaumont, lancèrent un triple anathème sur Jean-Jacques : l'*Emile* venait de paraître. Livre détestable et pernicieux, violant les lois divines et humaines, destructeur de tout ordre et de toute morale, selon les clameurs des adversaires de Rousseau. On sait par quels admirables chefs-d'œuvre de style, de dialectique, d'indignation éloquente, de verve satirique, Jean-Jacques se défendit contre ces déchaînements d'attaques furieuses. Au *Mandement* de l'archevêque de Paris, aux *Lettres écrites de la campagne* de Robert Tronchin, procureur général de Genève, il opposa deux réponses foudroyantes, deux merveilleuses apologies de ses doctrines. La *Lettre à M. de Beaumont*, les *Lettres écrites de la montagne*, vivront autant que la langue française. Personne, depuis Pascal et ses immortelles *Pro-*

vinciales, n'avait manié l'arme de l'ironie avec cette incomparable vigueur. Ce qui révoltait pardessus tout l'âme généreuse de Rousseau, ce n'était pas de voir ses livres amèrement censurés, outrageusement traités; il était lui-même trop attaché à la défense des immunités de la polémique pour s'étonner d'avoir des adversaires ardents et nombreux; c'était d'être victime de haines hypocrites, de lutter à visage découvert contre « des gens masqués. » Tandis qu'une ligue, dont les éléments étaient empruntés aux extrêmes d'un séculaire antagonisme, s'acharnait à le poursuivre, elle signalait en lui l'ennemi pervers des principes qu'il avait mis son honneur à glorifier! Elle niait la loyauté de ses intentions, la pureté de ses sentiments. Non-seulement Rousseau faisait le mal, mais il le faisait sciemment; il croyait édifier, on l'accusait de détruire; ses aspirations lui montraient dans un idéal radieux la vérité, on l'écrasait sous le poids du mensonge dont il était l'organe! Il disait : Je crois, et on le dénonçait comme athée!

VI

Le temps a vengé Rousseau. Les orages se sont calmés, et ce qui survit du fond de son œuvre plaidera toujours victorieusement sa cause. La vérité, des voix éloquentes l'ont proclamé, est que Rousseau fut profondément religieux dans un siècle où l'irréligion était une plaie sociale. Nul homme n'a fait entendre en termes plus sublimes le cri de sa conscience assiégée par la foi. Du jour où Jean-Jacques, en pleine possession de soi-même, tint le monde attentif à ses écrits, pas un mot ne tomba de sa plume qui ne fût l'expression d'une croyance élevée, d'une pensée enthousiaste du beau, du vrai et du bien; ses erreurs même, il n'est pas donné à une âme commune de pouvoir les commettre.

Est-il possible de voir le langage d'un athée dans ces paroles : « J'avoue que la majesté de l'Écriture m'étonne; la sainteté de l'Écriture parle à mon cœur. Voyez les livres des philosophes avec toute leur pompe, qu'ils sont petits à côté de celui-là! Se peut-il qu'un livre à la fois si sublime et si simple soit l'ouvrage des hommes? Se peut-il que l'homme dont il fait l'histoire ne soit qu'un homme lui-même?...... Si la vie et la mort de Socrate sont d'un sage, la vie et la mort de Jésus sont d'un Dieu!... L'Évangile a des caractères de vérité si grands, si frappants, si parfaitement inimitables, que l'inventeur en serait plus étonnant que le héros! » L'archevêque de Beaumont, en citant ce passage dans son *Mandement*, avoue qu'il « serait très difficile de rendre un plus bel hommage à l'authenticité de l'Évangile. » C'est pourquoi, sans doute, le pieux archevêque n'hésite pas à ranger Rousseau parmi les incrédules.

Que les protestants relisent encore cette page où Jean-Jacques affirme en termes si touchants qu'il *se fait gloire* par-dessus tout, d'être et de demeurer leur frère : « Heureux d'être né dans la religion la plus raisonnable et la plus sainte qui soit sur la terre, je reste inviolablement attaché au culte de mes pères; comme eux je prends l'Écriture et la raison comme unique règle de ma croyance;... comme eux je me réunis de cœur avec les vrais serviteurs de Jésus-Christ et les vrais adorateurs de Dieu pour lui offrir dans la communion des fidèles les hommages de son Église. Il m'est consolant et doux d'être compté parmi ses membres, de participer au culte public qu'ils rendent à la Divinité, et de me dire, au milieu d'eux : Je suis avec mes frères.

« Pénétré de reconnaissance pour le digne pasteur qui, résistant au torrent de l'exemple, et jugeant dans la vérité, n'a point exclu de l'Église un défenseur de la cause de Dieu, je conserverai toute ma vie un tendre souvenir de sa charité vraiment chrétienne. Je me ferai toujours une gloire d'être compté dans son troupeau, et j'espère n'en point scandaliser les membres ni par mes sentiments, ni par ma conduite. Mais lorsque d'injustes prêtres, s'arrogeant des droits qu'ils n'ont pas, voudront se faire les arbitres de ma croyance, et viendront me dire arrogamment : Rétractez-vous, déguisez-vous, expliquez ceci, désavouez cela ; leurs hauteurs ne m'en imposeront point ; ils ne me feront point mentir pour être orthodoxe, ni dire pour leur plaire ce que je ne pense pas. Que si ma véracité les offense, et qu'ils veuillent me retrancher de l'Église je craindrai peu cette menace, dont l'exécution n'est pas en leur pouvoir. Ils ne m'empêcheront pas d'être uni de cœur avec les fidèles ; ils ne m'ôteront pas du rang des élus si j'y suis inscrit. Ils peuvent m'en ôter la consolation dans cette vie, mais non l'espoir dans celle qui doit la suivre ; et c'est là que mon vœu le plus ardent et le plus sincère est d'avoir Jésus-Christ même pour arbitre et pour juge entre eux et moi [1]. »

VII

C'est là un irréfutable commentaire de la *Profession de foi du Vicaire savoyard*, et il ne faut pas oublier que Rousseau était blessé au cœur au moment où il écrivait. Cette *Profession de foi*, Rousseau l'avait placée dans l'*Émile* comme pour rapporter au principe évangélique l'ensemble de

---

[1] *Lettre à M. de Beaumont*, 18 novembre 1762.

ses idées sur l'éducation. Et c'était l'affirmation éclatante, souveraine, d'une loi morale trop parfaite pour n'avoir pas une origine surhumaine, qui soulevait les clameurs les plus ardentes. Jean-Jacques, comme autrefois Socrate, excita la colère d'Anitus. Ses ennemis triomphants lui avaient porté des coups multipliés. Il ne se déroba aux mesures qu'on allait prendre contre sa personne qu'en renonçant à ses droits de citoyen de Genève, droits qui lui étaient si chers, qui étaient le patrimoine de sa famille depuis plus de deux siècles.

Il serait facile d'accumuler les citations, et de montrer dans Rousseau, non-seulement l'adepte d'un christianisme philosophique, d'un déisme chrétien, comme on l'a dit, mais encore le croyant passionné que l'Évangile inonde de ses divines clartés. Il faut le dire, la religion fut un prétexte dont s'emparèrent ses ennemis, les tout-puissants oligarques qui régnaient dans Genève, où le gouvernement n'avait conservé de la république que le nom. Les concitoyens de Jean-Jacques lui rendent plus de justice aujourd'hui, et celui que leurs pères proscrivirent vivant, reçoit dans sa tombe le double hommage dû à son génie et à ses malheurs.

Les dernières années de Rousseau portèrent au comble son inquiétude naturelle. En butte à de haineuses persécutions, à de basses jalousies, il en vint à ne voir dans ceux qui l'approchaient que des gens acharnés à sa perte. Il erra de retraite en retraite, entreprit un voyage en Angleterre. Il croyait y rencontrer des amis : son humeur sombre, sa misanthropie surexcitée, ne vit partout que des adversaires perfides qui se faisaient un jeu de ses tourments. Il finit par se confiner dans l'asile que le comte de Girardin lui ouvrit à Ermenonville, et mourut subitement au retour d'une promenade, où selon sa coutume, il était allé satisfaire sa passion pour la botanique (2 juillet 1778). Il avait accompli sa soixante-sixième année quatre jours auparavant (28 juin).

Quelle que soit la justice que l'on ait rendu au grand homme dès que la mort l'eut saisi, tous ses ennemis ne furent pas désarmés par cette triste nouvelle. Même dans son cercueil, Rousseau fut calomnié. On rencontre encore des livres assez peu soucieux de la vérité pour donner créance au récit mensonger de son suicide. *Basile* a été prophète : « Calomniez, calomniez, il en restera toujours quelque chose. »

A l'endroit même où le Rhône sort du lac de Genève pour faire son entrée en France, dans une île charmante, s'élève une magnifique statue de Jean-Jacques, œuvre magistrale de l'illustre sculpteur protestant et genevois James Pradier. Cette statue, coulée en bronze, a été érigée en 1832.

L'auteur d'*Émile* est représenté par son compatriote dans une attitude méditative; il semble adresser au ravissant paysage qui l'entoure l'adieu poétique dont le lac de Genève réveillera toujours le souvenir dans l'âme du voyageur :

« O mon lac ! sur lequel j'ai passé les heures paisibles de mon enfance, charmants paysages, où j'ai vu pour la première fois le majestueux et touchant lever du soleil, où j'ai senti les premières émotions du cœur..... ô mon lac, je ne te verrai plus ! »

FIN DU TOME DEUXIÈME.

TABLE

I.	Duplessis-Mornay.	1
II.	Henri de Rohan.	19
III.	Sully.	39
IV.	Caumont La Force.	59
V.	Duquesne.	85
VI.	Denis Papin.	103
VII.	Jacques Saurin.	127
VIII.	Jean Cavalier.	157
IX.	Jean Calas.	195
X.	J.-J. Rousseau.	221

LIBRAIRIE DE CH. MEYRUEIS ET Cie

RUE DE RIVOLI, 174, A PARIS.

Biographies religieuses.

ALEXANDRE VINET. Notice sur sa vie et sur ses écrits, par Ed. Schérer. In-8. 2 fr.
LES DERNIÈRES HEURES DE MORNAY DU PLESSY, Gigord, Rivet, Du Moulin, Drelincourt et Fabri, par Jean-Jacob Salchli. In-12. 1 fr.
ETUDES SUR BERNARD PALISSY, par Jules Salles. In-12. 1 fr. 25 c.
GÉRARD ROUSSEL, prédicateur de la reine Marguerite de Navarre, par Ch. Schmidt. In-8. 4 fr.
HISTOIRE DE HENRI ARNAUD, pasteur et chef militaire des Vaudois. In-12. 60 c.
JOURNAL DE JEAN MIGAULT, ou les Malheurs d'une famille protestante du Poitou. 1 vol. in-12. 1 fr. 50 c.
RAMUS (Pierre de la Ramée), sa vie, ses écrits, ses opinions, par Ch. Waddington, professeur à la faculté de Strasbourg. 1 vol. in-8. 3 fr.
VIE ET LETTRES DU CAPITAINE HEDLEY VICARS, tué à Sébastopol. 1 vol. in-12, avec portrait. 3 fr.
VIE D'OLYMPIA MORATA, épisode de la Renaissance et de la Réforme en Italie, par Jules Bonnet. 1 vol. in-8. 3 fr.
VIE DE MADAME DE KRUDENER, par Charles Eynard. Deux vol. in-8. 9 fr.
DANIEL CHAMIER, son journal et sa biographie, par Charles Read. 1 vol. grand in-8. 5 fr.
Sur papier vergé. 7 fr. 50 c.
VIE D'AMÉLIE SIEVEKING, fondatrice de la Société des Amies des pauvres de Hambourg. 1 vol. in-8, avec un portrait. 5 fr.
VIE DE GUSTAVE-ADOLPHE, par L. Abelous, pasteur. 1 volume in-12. 1 fr.
VIE D'ELISABETH FRY, extraite des Mémoires publiés par deux de ses filles, et enrichie de matériaux inédits. 1 beau vol. in-8, avec un portrait. 6 fr.
VIE DE MARTIN LUTHER, par Gustave-Adolphe Hoff. 1 très fort vol. in-12. 2 fr.
VIE DE PHILIPPE MÉLANCHTHON, par Ledderhose. Trad. de l'allemand par A. Meylan. 1 fort vol. in-12, avec portrait. 4 fr. 75 c.
VIE DE GASPARD COLIGNY, amiral de France, par A. Meylan. 1 vol. in-12. 2 fr. 50 c.
HISTOIRE DE VIGILANCE, esclave, prêtre et réformateur, par Nap. Peyrat. 1 vol. in-12. 1 fr. 50 c.
HISTOIRE DE JEANNE D'ALBRET, reine de Navarre, par Th. Muret. 1 fort vol. in-12. 4 fr.
LES OUVRIERS SELON DIEU et leurs œuvres, par H. de Triqueti. 7 vol. in-18. Chaque volume se vend séparément. 75 c.

Paris. — Typ. de Ch. Meyrueis et Ce, rue des Grès, 11.

www.ingramcontent.com/pod-product-compliance
Lightning Source LLC
Chambersburg PA
CBHW071941160426
43198CB00011B/1497